LE PRÉSOMPTUEUX;

OU

L'HEUREUX IMAGINAIRE,

COMÉDIE.

Le prix est de 40 sols.

LE PRÉSOMPTUEUX, OU L'HEUREUX IMAGINAIRE,

COMÉDIE

EN CINQ ACTES ET EN VERS;

PAR PH. FR. NAZAIRE FABRE D'ÉGLANTINE;

Représentée pour la première fois, sur le Théatre françaís, le 20 Février 1790. x

x Erreur le 5 juin

V. la note de F. dans la Préface historique du Présomptueux (msc. aut.)
2e annonces des spectacles au Moniteur en février et en juin 1790.
3e Corresp. de Grimm et de Diderot tome V p. 425.
4e les journaux du temps, notamment le Moniteur du 7 juin, le Journal de Paris du 6 juin 1790 etc.

A PARIS,
Chez PRAULT aîné, Imprimeur, Quai des Auguſtins, à l'Immortalité, N°. 44.

L'AN II. DE LA RÉPUBLIQUE FRANÇAISE, une & indiviſible.

PERSONNAGES.

M DE FRANVAL,	*M. Vanhove.*
Mme. DE FRANVAL, épouse de M. de Franval,	*Mlle. La Chassaigne.*
LUCILE, fille de M. & de Mme. de Franval,	*Mlle. l'Ange.*
JULIETTE, fille de la maîtresse de l'hôtel d'Angleterre, à Paris,	*Mlle. de Vienne.*
VALÈRE D'ARTIGNAN,	*M. Molé.*
Le Comte d'ORSANGE,	*M. Talma.*
GERMON, valet de Valère,	*M. d'Azincourt.*
UN MESSAGER de l'Exempt, personnage muet.	

La Scène est à Paris, à l'hôtel d'Angleterre, garni; & se passe dans un sallon commun à tous les étrangers de l'hôtel.

LE PRÉSOMPTUEUX, OU L'HEUREUX IMAGINAIRE, COMÉDIE

ACTE PREMIER.

SCENE PREMIERE.

VALERE D'ARTIGNAN, GERMON.

GERMON.

Enfin, Dieu soit loué! nous voilà dans Paris.

VALERE.

Je le revois, Germon!

GERMON.

Je ne suis pas surpris

De vous voir si joyeux : vous n'êtes jamais triste.

VALERE.

Tant mieux ! point de chagrin : la fortune persiste
A me suivre par-tout. Tu vas voir.

GERMON.

Bon ! cela.
Voici bientôt un an, qu'allant deçà, delà,
Courant de ville en ville, et vivant d'espérance,
Nous usons notre argent.

VALERE.

Va, sois en assurance ;
L'argent est-il si rare ? il ne manquera point ;
Nous en saurons trouver.

GERMON.

Je doute de ce point.

VALERE.

Oh ! tu doutes de tout.

GERMON.

Vous, de rien.

VALERE.

Considère
Qu'avec facilité....

GERMON.

Tenez, Monsieur Valere,
Je vous ai toujours cru, car je vous aime tant !
J'espère en l'avenir, mais je vois le présent.

VALERE.

Le présent! le présent! c'est fort bien; nous y sommes.

GERMON.

Oui, presqu'à bout.

VALERE.

A bout? tu connois bien les hommes!
Le train du monde: il faut, quand on fait des projets,
Dès le commencement être sûr du succès:
Mais aussi c'est le don d'un jugement solide,
D'un esprit vaste, ardent, et non foible ou timide:
Je l'ai ce don. Il est une chaîne, vois-tu,
Qui lie à tel objet, tel autre inattendu,
D'un petit accident, d'un rien, d'une misère,
On voit naître souvent une importante affaire.
D'abord, c'est peu de chose, on le pense, on le croit;
Mais on est dans l'erreur; mais un esprit adroit,
Moi, Germon, d'un coup d'œil, à la première vue,
De la chaîne des faits j'apperçois l'étendue;
Je combine, apprécie et devine aisément,
Ce qu'il va résulter de tel événement,
J'en vois, là, sous mes yeux, une image fidèle.
Telle cause, me dis-je, en doit produire telle,
Puis cela sera tel, de la sorte ceci,
Tel objet à-peu-près, et tel objet ainsi.
J'en suis sûr. Et jamais ma tête prompte et vive,
Ne conjecture rien que la chose n'arrive.

GERMON.

Et combien de projets n'avez-vous pas formés?

VALERE.

Le succès, à coup sûr, les aurait confirmés.

GERMON.

Pourquoi les laisser là, s'ils étoient magnifiques?

VALERE.

J'aurois pour ce discours bon nombre de répliques;
Mais je n'ai pas le tems.

GERMON.

Le trop est superflu.
Certain de réussir.....

VALERE.

Je ne l'ai pas voulu.

GERMON.

Ah! je ne dis plus rien.

VALERE.

Veux-tu que je m'arrête
A de minces objets? fi donc! j'ai de la tête
Et de l'ambition. Un bien frappe mes yeux?
C'est bon! mais je le quitte alors que je vois mieux.
Loin de n'avoir qu'un but, moi, mon cher, j'en ai mille;
Tout pour moi s'applanit, rien ne m'est difficile;
Et je ne conçois pas cet esprit retréci
De ces gens à qui rien n'a jamais réussi.

GERMON.

Pour faire son chemin, on ne tient qu'une route.

VALERE.

La fortune aujourd'hui me parle, je l'écoute;
Je suis dans ce chemin, & j'y prétends rester.

GERMON.

Vous réussirez donc ?

VALERE.

Tu n'en dois pas douter.

GERMON.

Nous en avons besoin.

VALERE.

Comme cela.

GERMON.

J'enrage.
Mais ne diroit-on pas que d'un grand héritage
Votre père...

VALERE.

Eh bien! quoi? vas-tu me dire encor
Que de lui je ne puis espérer un trésor,
Qu'il n'est pas riche?

GERMON.

Mais...

VALERE.

Je le sais.

GERMON.

Votre mère
Vous laissa par sa mort...

VALERE.

Oh bon! une misère.

GERMON.

Comment donc?...

VALERE.

Bah!

GERMON.

Mais. . . mais. . . quarante mille écus
Sont partis dans un an.

VALERE.

Je le sais.

GERMON.

Là-dessus
Jusqu'à ce jour, Monsieur, nous avons, sans ménage,
Payé table, logis, garde-robe, voyage.
Savez-vous maintenant, combien, de votre avoir
Il vous reste? Comptons.

VALERE.

Hé! pourquoi le savoir?

GERMON.

Moi, je veux vous le dire. En tout, pour tout, la somme

VALERE, *réfléchissant.*

Paix! paix!

GERMON.

De six cens francs.

VALERE.

Mais, mais, paix donc!

GERMON.

Quel homme

VALERE, *joyeux*.

Germon, réjouis-toi; c'en est fait, tout va bien.

GERMON.

Vraiment?

VALERE.

Riche, puissant, uni d'un doux lien
Au plus charmant objet que forma la nature,
Je suis heureux enfin à jamais.

GERMON.

Sûr?

VALERE.

J'en jure.
Ah! ma foi, je te tiens, fortune, à ce coup-ci;
Tu la partageras.

GERMON.

Ah! Monsieur, grand merci!
Mais contez-moi comment...

VALERE.

Dans cette hôtellerie,
Où nous couchâmes hier, en revenant de Brie,
Germon, tu vis à table, et dînant avec moi,
Ce Monsieur de Franval, homme d'esprit, ma foi!
Près de lui son épouse, à mes côtés sa fille,
Car j'étois là, mon cher, comme de la famille.
Cette fille est charmante, et pendant le repas,
Elle vit bien sur moi l'effet de ses appas.
Par mille petits soins, je sus lui faire entendre
Que je portois, comme elle, un cœur sensible et tendre,

Car elle est tendre aussi : malgré son enjoûment,
La pudeur colora son visage charmant
Plus d'une fois. Alors, amant prudent et sage,
Je fis ma cour au père, à la mère ; et l'usage
Que j'ai du monde, et puis ma tournure, mon ton ;
Car sans peine, avec moi, tu conviendras, Germon,
Qu'autant et même plus que tel qui m'avoisine,
Ma foi, je sais payer et d'esprit et de mine.
Mon air donc plut beaucoup, et je compris d'abord
Que dans fort peu de tems nous serions tous d'accord.
Je glissai le discours sur l'hymen de la belle,
Mais sans parler de moi : *J'obéirai*, dit-elle,
A mon père. Est-il fin ? Et ce *j'obéirai*,
Hé ! pour qui l'a-t-on dit ? Bref, tout considéré,
Je conclus que ma flâme étoit fort bien reçue.
Ensuite sans mystere on a fait la revue
Des biens de la maison, et c'étoit naturel.
Toujours des gens d'esprit le langage fut tel.
Ils ne vous disent pas crûment : « En fonds de terres,
» En châteaux et contrats, ou bien rentes foncières,
» Monsieur, nous avons tant. » Mais par un autre tour
Délicat pour le cœur et charmant pour l'amour,
Ils savent finement parler de leur richesse,
Sans trop effaroucher votre délicatesse.
C'est ainsi qu'en usa Franval à mon égard.
Je me le tins pour dit. Comme il se faisoit tard,
On partit. Je les mène enfin à leur voiture ;
Les adieux sont charmans ; et j'apprends d'aventure,
D'aventure, Germon ! mais c'est-à-dire exprès,
Que l'on vient à Paris, loger dans le Marais,
A l'hôtel d'Angleterre, et m'y voici.

GERMON.

Je pense,

Monsieur...

VALERE.

Hem! est-ce ici quelque fausse espérance?
Parle-moi franchement?

GERMON.

Avec quelque raison,
On peut bien espérer de cette liaison.
Moi-même j'entrevois dans l'heureuse rencontre
Certain effet du sort, qui surprend, et qui montre
Que ce n'est pas pour rien que la chose est ainsi.

VALERE.

Tu dis bien.

GERMON.

Cependant...

VALERE.

L'affaire a réussi.

GERMON.

Oh! pas encor; car...

VALERE.

Comment donc pas encore?
La Belle est adorable, ainsi donc je l'adore.
Elle est bien faite, riche et de condition,
De l'esprit comme un ange. Hé bien! cette union
N'est-elle pas, ici, de tout point assortie?
Je suis noble, bien fait, aimable, et je parie

Qu'on ne trouveroit pas, les cherchât-on vingt ans,
Deux hommes, dans Paris, mes pareils en talens.
Je connois tous les arts, belles-lettres, peinture,
Musique, danse; et pour la science, j'assure
Que peu de gens pourroient m'en donner des leçons.
Écoute mon projet: échouer? moi! chansons!
Tout-à-l'heure je cours saluer ma Lucile;
Aise de me revoir, sous un maintien tranquille,
Elle cache sa joie, et je le vois fort bien.
Moi, discret, je ne fais d'abord semblant de rien;
Je cajole la mere: « Hé! vraiment, le voyage
» N'a laissé que fraîcheur sur ce charmant visage, »
Lui dis-je. Elle sourit; son orgueil est flatté;
Elle aime fort qu'on parle encor de sa beauté,
J'en parle avec transport. Et cependant j'observe
D'instruire, d'un coup d'œil fin, mais plein de réserve,
Ma Belle, qui se tait, et n'en pense pas moins,
Que l'éloge est pour elle, et pour elle mes soins.
Le pere, qui survient, prend part à mon hommage,
Suivant l'humeur qu'il a, je regle mon langage;
Je plais, j'enchante. Alors, dans un coin, sans dessein,
Je vois quelqu'instrument, ou harpe, ou clavecin;
Sans quitter le discours, là, d'un air d'habitude,
Et par distraction, d'une main je prélude.

(*Il imite un accord de clavecin.*)

Tu vois d'ici, Germon, chacun se regarder?...

GERMON.

La surprise est aisée à se persuader.
Il me semble les voir, comme le charme opere,
Vous demander soudain...

VALERE.

T'y voilà. C'est la mere

Qui porte la parole, et ma maîtresse, à part,
Qui la pousse tout bas, me jette un doux regard.

GERMON.

Amoureux?

VALERE.

Languissant!

GERMON.

Elle est éprise.

VALERE.

Folle.

On ne me presse pas longtems, sur ma parole;
Les accords frappent l'air, l'instrument retentit.
Et le son de ma voix flatte, émeut, attendrit.
Je cesse, je me lève, et confus de ma gloire,
J'abandonne à l'amour l'effet de ma victoire;
Je sors, et laisse enfin les parens étonnés,
Ma maîtresse rêveuse, et tous les cœurs gagnés.
Je te laisse à penser, si de ma réussite,
Je ne suis pas certain, dans une autre visite?
Et si l'on peut douter, sans être un insensé,
Du succès d'un amour aussi bien commencé?

GERMON.

Douter? mais convenez plutôt, en conscience,
Que nous avions besoin de cette circonstance.

VALERE.

Ne la voilà-t-il pas? mets-toi bien dans l'esprit,
Que je ne peux jamais manquer.

GERMON.

Sans contredit.

Tout le monde n'est pas heureux comme vous l'êtes.

VALERE.

Heureux? . . . je t'en réponds. Tiens, tiens, preuves complettes
Le vois-tu venir?

GERMON.

Qui?

VALERE.

Hé! le père.

GERMON.

Oui, ma foi!

VALERE.

Tu vas voir.

SCENE II.

M. DE FRANVAL, VALERE, GERMON.

VALERE.

Ah, Monsieur, il est heureux pour moi,
De ne pas différer, par une longue absence,
Le plaisir que je sens de notre connoissance.

FRANVAL, *cherchant à se rappeller les traits de Valere.*

Monsieur, pardonnez-moi, si, du premier abord,
Je ne vous remets pas, . . . mais, . . . je me trompe fort,

Ou

Où je crois avoir vu quelque part...

VALERE.

Hier, à table.

FRANVAL.

Ah! j'y suis... quoi! c'est vous? rencontre favorable!
Je rends graces au sort...

VALERE.

Je lui rends grace aussi
D'avoir conduit mes pas dans cette maison-ci.
J'y loge, et puisqu'enfin le hasard nous rassemble;
Nous pourrons nous y voir et converser ensemble.

FRANVAL.

Vous me faites honneur.

VALERE.

Vraiment, il est bien doux
De se lier, Monsieur, à des gens tels que vous!
Je ne trouvai jamais de plus belle famille:
Gaîté, grâces, sur-tout, une adorable fille...

FRANVAL.

Ah! Monsieur...

VALERE.

Je ne dis rien de trop; ses appas
Laissent des souvenirs: vous n'imaginez pas
A quel point une fille aussi belle, aussi sage,
Grave dans la mémoire une profonde image.

FRANVAL.

Vous nous flattez, Monsieur.

VALERE.

Je dis la vérité.
Et pour payer enfin un tribut mérité
A cet objet charmant, moi, Monsieur, par exemple,
Depuis hier, en secret, je la vois, la contemple,
Et son rare mérite, ainsi qu'à tous les yeux,
Me paroît d'heure en heure encor plus précieux.

FRANVAL.

Monsieur, je suis confus.

VALERE.

Ah! pardonnez, de grace;
Le zèle quelquefois excuse un peu d'audace.
Je serois dans mes vœux un peu moins emporté,
Si vous pouviez rougir de ma témérité.
Je porte un nom connu, je m'appelle Valere,
Le Baron d'Artignan...

FRANVAL.

D'Artignan!...

VALERE.

C'est mon père.

FRANVAL.

Vous, fils de d'Artignan! mon vieux et brave ami?

VALERE.

Eh quoi! se pourroit-il?

FRANVAL.

Et je vous trouve ici?
Vous logez dans l'hôtel?

VALERE.

Oui, Monsieur, ma fortune...

FRANVAL, *à part.*

L'aventure est plaisante, heureuse et point commune.
(*à Valere.*)
Restez-y.

VALERE, *transporté.*

Oui, Monsieur!... l'amour a triomphé.
(*à Germon.*)
Tu vois, Germon, tu vois.

GERMON.

Vous êtes né coëffé.

VALERE, *à Franval.*

Que mon bonheur est grand, si je puis vous complaire!

FRANVAL.

Ne quittez point l'hôtel, vous me plairez.

VALERE.

J'espère
Y demeurer, Monsieur, autant que vous voudrez.
Je dis plus; et je veux, si vous le desirez,
Ne vous quitter jamais.

FRANVAL.

Oh! jamais!

VALERE.

C'est-à-dire
Que... vous m'entendez bien, car je vous vois sourire.

Hé! comment, en effet, ne pas vouloir toujours,
Ou du moins desirer de voir couler ses jours
Près de vous?... O bonheur!... délicieuse vie!...
Car enfin, si demain, il vous prenoit envie,
De marier Lucile... en un lieu si doux,
Supposons, un moment, que je sois son époux.
Ma hardiesse est grande, il est vrai, c'est trop dire,
Mais on peut supposer, Monsieur, ce qu'on desire.

FRANVAL.

Comment! que dites-vous? je vous prie, arrêtez.

VALERE, *transporté.*

Non, de grace, voyez que de félicités
Et le ciel et l'amour viendroient sur nous répandre!
Me voilà votre fils, votre ami, votre gendre.
O doux noms!...

FRANVAL, *à part.*

Il est fou; son père n'a pas tort;
Écoutons.

VALERE.

Vous croyez peut-être, à ce transport,
Que sans réflexion, dans ma tête exaltée,
Je me peigne un destin qui passe ma portée?
Plût au ciel que l'époux que vous voudrez choisir,
Eût un cœur comme moi, pénétré du plaisir
Que dans votre alliance ici je me figure!
Il me semble déja, que tout à la nature,
A l'amour d'une épouse, aux vœux de ses parens,
Je me règle sur eux; leur humeur, je la prends.
Restent-ils à la ville? à la ville je reste.
Craignent-ils le fracas? hé bien! je le déteste.

Hé! ne vaut-il pas mieux, bien recueilli chez soi,
Du tems, avec les siens, faire un utile emploi?
Aimez-vous mieux les champs? les champs sont mon asyle.
Vous avez bien raison, on y vit plus tranquille.
Mais vous figurez-vous, quels jours délicieux
Nous pourrions y passer?

FRANVAL.

Oui, nous y serions mieux,
Je pense.

VALERE.

Cent fois mieux! vous n'avez pas d'idée
Combien j'ai pour les champs une amour décidée.
En voulez-vous la preuve? Un monsieur de Crécy,
Logé céans, veut vendre, à quatre pas d'ici,
Une terre charmante. Eh bien, pour peu, je jure,
Que cela vous convienne, on me verra conclure;
J'acheterai la terre. En sa jeune saison,
L'homme doit prendre soin d'enrichir sa maison.

FRANVAL.

Vous profitez si bien d'une leçon si sage,
Que je n'ai pas besoin d'en savoir davantage.
Adieu. Je dois sortir. Je compte vous revoir
Ici même.

VALERE.

Oui, Monsieur. Il est de mon devoir
D'offrir, sans nul retard, mes respects à Madame,
A votre aimable fille: agréez que mon âme...

FRANVAL.

Je le permets.

VALERE.

Monsieur, j'en suis reconnoissant!...

FRANVAL.

C'est fort bien.

VALERE.

Mon soin le plus pressant
Est d'aller à leurs pieds. (*Il veut sortir.*)

FRANVAL.

Au moins, de la journée,
Ne nous quittez pas.

VALERE.

Moi? lorsque ma destinée...
Combien je suis heureux! qui l'eût pu présumer?

(*Il sort avec Germon.*)

SCENE III.

FRANVAL, *seul.*

TRÈS heureux! ses parens vont le faire enfermer.
Quel esprit déréglé! son plaisant caractère
Est peint on ne peut mieux dans la lettre du père.
Mon pauvre d'Artignan! vous ne vous trompez point.

(*Il tire de sa poche la lettre de d'Artignan.*)

Mais relisons sa lettre, et partons de ce point.

(*Il lit.*)

« Mon cher Franval... hum... hum... etc. Ah!... mon fils

» ne manque pas d'un certain mérite ; mais il s'en croit » un merveilleux, et cette présomption l'a rendu extra- » vagant. Le voilà depuis dix mois à courir les aven- » tures. Dans cette course, il a dépensé plus de cent » mille francs, et il reste sans état. On m'a donné de lui » des nouvelles si extraordinaires, que je les prends sur » le pied de folie complette. Je le vois en train de faire » des dettes, et de risquer son honneur en dépit de lui- » même, car il est d'une telle confiance en son étoile, » qu'il risquera tout.

(*Il quitte la lecture et dit.*)

En effet les voilà ; jadis, dans ma jeunesse,
J'ai connu, fréquenté des fous de cette espèce :
Légers, présomptueux, téméraires sur-tout,
Quel que soit leur chemin, leur fortune est au bout,

(*Il lit.*)

» Dès que j'ai su que nos sages législateurs (que le Ciel » maintienne et fasse prospérer) avoient décrété l'éta- » blissement d'un tribunal de famille pour connoître pa- » ternellement des troubles domestiques, j'ai assemblé » nos parens, et d'un commun accord, nous avons obtenu » un ordre, que je vous envoie, pour faire conduire mon » fils dans ma maison, où il me sera permis de le détenir » un certain tems pour mûrir sa raison et lui faire en- » tendre efficacement nos remontrances. J'apprends qu'il » est parti pour Paris. Veuillez, de grace, faire vos per- » quisitions, et si vous le trouvez, en vertu de l'ordre, » faites qu'on me l'amène ; vous nous rendrez à lui et à » moi un très signalé service. Adieu. Tout à vous.

D'Artignan, père.

J'allois de ce pas même, exprès pour cette affaire,
Commencer ma recherche exacte et nécessaire.
Valere me l'épargne, et je vais pour le coup,
Faire exécuter l'ordre. Il importe beaucoup
Que Valere, chez moi, trouve un accès facile;
C'est, pour le retenir, un moyen fort utile.
Oui, je dois commencer par cette affaire-là.
Justement j'ai le tems qu'il me faut pour cela;
Je n'attends que demain le comte de d'Orsange,
Mon gendre desiré; fort bien: cela m'arrange.
Agissons promptement, et taisons-nous.

SCENE IV.

Mme. DE FRANVAL, M. DE FRANVAL, LUCILE.

Madame DE FRANVAL.

Eh quoi!
Vous allez donc sortir, Monsieur?

FRANVAL.

Bientôt.

Madame DE FRANVAL.

Pourquoi?
Est-il tems de courir, quand votre gendre arrive?

FRANVAL.

J'ai reçu la nouvelle expresse et positive,
Qu'il ne doit arriver au plutôt que demain.

Madame DE FRANVAL.

C'est rester bien longtems, ce me semble, en chemin;
J'ai montré plus d'ardeur à presser mon voyage.

FRANVAL, *souriant.*

Vous aviez vos raisons, Madame.

Madame DE FRANVAL.

C'est l'usage.
Je voulois voir Paris. Voyez-vous, mon ami,
J'ai même cette nuit, fort mal, très mal dormi.
Oh! Paris est charmant! j'avois la tête pleine,
Si pleine de ce nom, que j'en ai la migraine.
J'ai sommeillé dix fois, et dix fois tour à tour
J'ai tiré mes rideaux, pour voir s'il faisoit jour.

FRANVAL.

Vous verrez tout, Madame; un peu de patience:
N'ayez point de souci.

Madame DE FRANVAL.

En bonne conscience,
Puis-je n'en pas avoir, quand vous me cachez tout?

FRANVAL.

Rien, quand il en est tems.

Madame DE FRANVAL.

Oh! rien. Je suis à bout.
N'est-ce pas un affront qui ne peut se comprendre,
Que de me taire enfin jusqu'au nom de mon gendre?

FRANVAL.

Je le tais, il est vrai.

Madame DE FRANVAL.

Par humeur?

FRANVAL.

Par raison.

Un ami qui m'est cher, ami de ma maison,
Demande, pour son fils, Lucile en mariage.
Ce fils est, m'a-t-on dit, bien fait, aimable, sage,
Assez riche; en un mot, le parti me convient;
Je l'accepte, j'écris, et le prétendu vient.
Nous venons à Paris, Madame, à sa rencontre;
Tout semble terminé. Mais ce gendre se montre;
Il se peut qu'à ma fille il ne convienne pas;
Lucile, avec son nom, son bien et ses appas,
Peut ne pas inspirer l'amour qu'elle mérite...
Pardon, ma chère enfant; l'homme dans sa conduite
Est fort bizarre: il est des esprits à l'envers,
Même en fait de beauté, voyant tout de travers.
J'espère et je suis sûr qu'on te rendra justice;
Mais si ce gendre ou toi subissez un caprice,
Il ne sera pas dit, soit en bien, soit en mal,
Qu'un tel a refusé la fille de Franval.

Madame DE FRANVAL.

Pourquoi consentiez-vous?

FRANVAL.

C'est qu'il est dans la vie
Quelques occasions rares, qui font envie,
Que l'on cherche à saisir, sans cesser pour cela
D'agir avec prudence, avant d'en venir là.

Madame DE FRANVAL.

Mais quel risque à nommer ce gendre à votre femme?

FRANVAL.

C'est un secret encor ; mais pensez-vous, Madame,
Qu'après vous l'avoir dit, ce seroit un secret?

Madame DE FRANVAL.

Quoi! vous me soupçonnez d'un discours indiscret?
Soyez juste, Monsieur, je ne suis point parleuse.

FRANVAL, *riant.*

Oh! point du tout.

Madame DE FRANVAL.

Je sais que je suis curieuse.

FRANVAL.

N'êtes vous pas d'un sexe à qui cela va bien?
Lucile l'est aussi, je gage; et son maintien,
Son air tendre et rêveur, montrent, je le devine,
Que du jeune mari, que mon cœur lui destine,
Elle voudroit connoître, avec quelque raison,
L'esprit et la figure encor plus que le nom :
N'est-ce pas?

LUCILE.

De ma main, quand mon père dispose,
Sur sa tendre amitié mon âme se repose :
Il ne veut, ne voudra jamais que mon bonheur.

FRANVAL.

Ah! tu dois y compter. Tu connois bien mon cœur.
Oui, ton bonheur, toujours, en tout, ma fille;
Et je n'admettrai point de fils dans ma famille,
Qui, même après mon choix, ne soit du tien aussi.

LUCILE.

Ah ! mon père....

FRANVAL.

A propos, je viens de voir ici
Ce jeune homme qu'hier nous trouvâmes en route,
Valere ; il m'est connu.

Madame DE FRANVAL.

De vous, Monsieur ?...

FRANVAL.

Sans doute ;
Il est bien né. Je crois qu'il doit venir vous voir ;
Avec quelques égards il faut le recevoir.
Je vous quitte : je vais terminer une lettre
Qui presse, et que pourtant j'ai bien fait de remettre ;
Cela fini, je sors.

(*Il sort.*)

SCENE V.

MME. DE FRANVAL, LUCILE.

Madame DE FRANVAL, *avec une joie indiscrète.*

Ma fille, je sais tout.

LUCILE.

Quoi ?

Madame DE FRANVAL.

Je vais vous conter de l'un à l'autre bout,
Le mystère du gendre, et comment il se nomme ;
Que votre père est fin ! Hé ! mon-dieu ! le pauvre homme !

Ce qu'il veut me cacher, lui-même il me le dit.
Valere est le futur.

LUCILE.

Qui? lui?

Madame DE FRANVAL, *avec une joie maligne, qui augmente jusqu'à sa sortie.*

Sans contredit.
Lucile, en tout ceci, quoi donc, de votre père
Ne voyez-vous pas bien la finesse ordinaire?
En chemin, par hasard, il nous fait rencontrer
Valere, qui d'abord, sans trop se déclarer,
Vous fait pourtant la cour; il la fait à moi-même;
Je l'ai trouvé charmant, en vérité; je l'aime.
Le lendemain, Valere est dans ce même hôtel;
Le hasard, croyez moi, ne produit rien de tel.
Franval nous le présente, et nous le recommande.
Hé bien! qu'en dites-vous? Oh! que ma joie est grande!
Il me croit donc sa dupe? Au reste, j'entends bien
Que de ma découverte il ne soupçonne rien.
Quel plaisir de percer un injuste mystère!
De savoir les secrets qu'un mari veut nous taire!
Et de jouir ainsi de l'air capable et fin
Dont il nous humilie. On a son tour enfin.
Quand il plaît à Monsieur d'entrer en confidence,
Et qu'en nous dévoilant un secret d'importance,
Il voit que ce secret, qu'il nous livre aujourd'hui,
Nous le savions hier tout aussi bien que lui,
Qu'il est sot et confus! Cette scène soulage,
Et je veux en jouir sans tarder davantage.

(*Elle sort.*)

SCENE VI.

LUCILE, *seule.*

Oui, je vois qu'en effet ma mère a deviné,
Et Valère est l'époux que l'on m'a destiné.
Que vais-je devenir ? ô mon père ! mon père !
Que m'ordonnerez-vous ?... Je n'aime point Valère.
Pardonnez mes refus, peut-être mon erreur,
Car j'aime, cependant ; mais un autre a mon cœur.
Oserai-je avouer un penchant qui m'égare ?
Je ne puis me cacher que mon choix est bizarre.
Je n'ai vu qu'une fois l'objet qui m'a charmé ;
Lui-même il ne sait pas combien il est aimé.
Trop aimable inconnu ! toi, de qui la tendresse
Fit naître dans mon cœur l'amour et la tristesse,
Toi, qui me fais combattre aujourd'hui mon devoir,
Ah ! parois, si c'est toi que je viens de revoir.
Hier, en arrivant, je l'ai vu, c'est lui-même.
Son aspect me frappa ; son trouble fut extrême.
Ce sont ses traits, ses yeux... tendres comme autrefois,
Il ne dit qu'un seul mot... Ah ! c'étoit bien sa voix !
Mais loge-t-il ici ? M'aimeroit-il encore ?...
Ah ! qui m'éclairera de tout ce que j'ignore ?

SCENE VII.

LUCILE, JULIETTE.

JULIETTE.

MONSIEUR de Franval ?

LUCILE.

Quoi ?

JULIETTE.

Je viens pour l'avertir
Que le carosse est prêt. Quand il voudra sortir...

LUCILE.

Mon père est occupé ; bientôt il va descendre ;
Il ne tardera pas.

JULIETTE.

On est fait pour l'attendre.
Je vais dire à ma mère...

LUCILE.

Écoutez, s'il vous plaît,
Juliette. (*à part.*) Elle peut me dire ce qu'il est,
S'il loge dans l'hôtel.

JULIETTE.

Que veut Mademoiselle ?

LUCILE.

Nous avons éprouvé vos soins et votre zèle ;

Mais vous m'aviez promis de venir ce matin.

JULIETTE.

Oh! pardon! dans l'hôtel, c'est un tracas, un train...
Ma mère est la maîtresse, elle ordonne; je tâche
De l'aider: notre état ne donne aucun relâche.

LUCILE, *d'un air fin et détourné.*

Vous avez bien du monde, ici?

JULIETTE.

Beaucoup.

LUCILE.

J'ai vu
Des personnes dont l'air ne m'est pas inconnu.

JULIETTE.

Ces deux Dames, peut-être?

LUCILE.

Oui, ... je crois... que... je

JULIETTE.

L'une
Est bien jolie, au moins?

LUCILE.

Toutes deux.

JULIETTE.

Oh! la brune
L'est plus que l'autre.

LUCILE.

Oui, oui, ... celle à côté de qui

Un jeune homme. . .

JULIETTE.

En effet, le Comte de Crécy,

(*Avec mystère.*)

Il étoit auprès d'elle. . . Elle en est amoureuse.

LUCILE, *embarrassée et subitement.*

Vous croyez. . . et quel est ?. . . mais. . . je suis curieuse.

JULIETTE.

Il faut bien l'être un peu. Que voulez-vous savoir ?
Tenez, dans la maison, j'ai l'air de ne rien voir,
Et je vois tout ; oui, tout, Mais pourtant sans malice.
Parlez, j'ai du penchant à vous rendre service.

LUCILE.

Je n'ai rien à savoir. . .

JULIETTE.

Oh ! je gage que si.
Vous le connoissez donc le Comte de Crécy ?

LUCILE.

Comme cela.

JULIETTE.

Qu'il est doux et bienfait ! aimable !
Honnête ! on l'aime, ici, ce n'est pas concevable.

LUCILE, *émue.*

Je le crois !. . .

JULIETTE.

Cependant, il n'est dans la maison

Que depuis quatre jours. Vous avez bien raison
De l'aimer.

LUCILE.

De l'aimer ?

JULIETTE.

Mais lui, Mademoiselle,
Il m'a parlé de vous. Oui, je me le rappelle ;
Il étoit bien content. Il est triste aujourd'hui.

LUCILE.

Hélas !

JULIETTE.

Vous soupirez, vous avez de l'ennui ?
Parlez ; dites-moi tout... Vous me craignez peut-être !

LUCILE.

Non... Juliette, non.

JULIETTE.

Vous pourrez me connoître.
Je m'amuse des foux, ce sont là mes jouets,
Mais des peines du cœur?... ah ! je n'en ris jamais.

LUCILE.

Elles font bien du mal !

JULIETTE.

Je le sais par moi-même.
Qu'il est doux de parler, alors, de ce qu'on aime !
De donner à sa plainte au moins un libre cours !
Puis, quand on a tout dit, recommencer toujours !
C'est un si grand plaisir ! que dans un tel martyre,
Si je n'avois personne à qui pouvoir le dire,

Seule aux murs de ma chambre il en faudroit parler.
Le cœur aime à gémir, plus qu'à se consoler.

LUCILE.

Il est trop vrai... Je sens...

JULIETTE.

Allons, Mademoiselle...
Que vous m'intéressez !... que puis-je?...

LUCILE.

Votre zèle
Me rassure, et je crois que je peux, sans danger,
Vous prier de vouloir aujourd'hui m'obliger.
Dites-moi ?

FRANVAL, *en dedans.*

Je reviens à l'instant.

LUCILE.

C'est mon père !...
Tâchez de me rejoindre.

JULIETTE, *sourdement.*

Allez, laissez-moi faire.

SCENE VIII.

LUCILE, JULIETTE, FRANVAL.

JULIETTE.

MONSIEUR, votre carosse.

FRANVAL.

Est-il prêt?

JULIETTE.

Dès longtems.

FRANVAL, *embrassant sa fille.*

Lucile, adieu! demain, nous serons tous contens.

(*A Juliette.*)

Voulez-vous me conduire, agréable voisine?

JULIETTE.

Très volontiers, Monsieur.

FRANVAL.

Pardon.

JULIETTE.

Monsieur badine.

On est assez heureux...

FRANVAL.

Je ne le suis pas moins.

JULIETTE, *faisant la révérence.*

Mademoiselle aussi peut compter sur mes soins.

(*Elle passe et conduit M. de Franval. Lucile rentre chez elle.*)

Fin du premier Acte.

ACTE II.

SCENE PREMIERE.

LE COMTE DE CRÉCY, *seul.*

J'EN suis donc bien certain; Valere aime Lucile,
Valere est mon rival?... Un soupçon est utile.
Eût-on jamais pensé que Monsieur de Franval
Me manquât de parole, et choisît ce rival?
Quelqu'un m'a desservi, sans doute; mais au reste,
J'ai bien fait de prévoir quelqu'accident funeste.
Non, qu'un semblable trait ait pu se soupçonner.
Cœur tendre et délicat, loin de m'abandonner,
Moi seul, au doux plaisir d'obtenir ce que j'aime,
Je cherchois à savoir, si Lucile elle-même,
Sans contrainte, à mes vœux, s'abandonnoit aussi.
J'ai déguisé mon nom sous celui de Crécy,
Afin d'observer mieux tout ce qui m'intéresse;
Qu'aujourd'hui je rends grace à mon heureuse adresse!
Que d'Orsange inconnu, témoin de son malheur,
Parte du moins sans honte... et non pas sans douleur.
Non, non, je souffrirai... je le sens... mais encore
Valere est-il aimé?... quel est-il?... je l'ignore.
Il prétend m'acheter la terre, qu'ici près,
Mon père m'a chargé de vendre sans délais,

Nous allons nous revoir; usons de stratagême,
Pour le faire parler; apprenons de lui-même
Le succès de ses soins. Je l'apperçois.

SCENE II.

VALERE, CRÉCY.

VALERE.

Eh bien!
Finirons-nous, Monsieur, ce marché? Je le tien.

CRÉCY.

Il conviendroit, Monsieur, d'aller chez le Notaire,
Le consulter un peu, voir le plan de ma terre,
Avant de se donner parole sur ce point.

VALERE.

Ses voisins et son sol ne m'embarrassent point.
Dès qu'elle vaut l'argent, Monsieur, que vous me dites,
Telle qu'elle est enfin, en surface, en limites,
Je l'achette.

CRÉCY.

Avant tout, je dois en informer
Mon père.

VALERE.

Bien!

CRÉCY.

A lui je pourrai vous nommer....?

VALERE.

Valere d'Artignan est mon nom. Je confesse
Qu'il ne présente pas une grande richesse ;
Mais pour remédier à ce point capital,
Vous pourrez ajouter, et gendre de Franval.

CRÉCY.

Votre félicité, Monsieur, n'est pas commune ;
Et cet hymen vaut mieux qu'une grande fortune.

VALERE.

Il est vrai; peu de gens sont heureux comme moi.

CRÉCY.

De l'objet de vos vœux vous recevez la foi,
Aimé d'elle et des siens...

VALERE.

Oh ! beaucoup de la fille,
Du beau-père, et bientôt de toute la famille.
Je sors de chez Lucile, on ne peut concevoir
Les efforts qu'on a faits pour me bien recevoir.
Madame de Franval, à ce doux hymenée,
Attache son bonheur; je l'ai bien devinée.

CRÉCY.

Le malheureux Crécy ne vous ressemble pas ;
Je suis trahi, joué !...

VALERE.

Je plains votre embarras :
Et comment donc cela ?

CRÉCY.

L'amour fait mon supplice.

VALERE.

Il est dur d'avouer qu'il m'est toujours propice ;
Le tableau des heureux blesse l'infortuné.
Mais souvent le malheur dont on est étonné,
Vient, il faut l'avouer, de peu d'expérience.

CRÉCY.

Il est vrai que mon cœur eut trop de confiance.

VALERE.

Sans indiscrétion, puis-je vous demander
Quels chagrins amoureux, vous ?...

CRÉCY.

On aime à céder
Sur ce chapitre-là : sachez mon sort étrange ;
Mais à condition que par un doux échange,
Jusqu'à l'entier effet de vos heureux desirs,
Vous m'apprendrez, Monsieur, vos succès, vos plaisirs.

VALERE.

L'offre est très obligeante, et je vous rends justice,
Vous ne méritez pas, Monsieur, qu'on vous trahisse.

CRÉCY.

Six mois se sont passés, depuis qu'imprudemment,
Comme je retournois chez moi, du régiment
Où je sers, je m'arrête auprès d'une parente,
Dans sa petite ville. Au gré de son attente,
J'y demeurai huit jours, sans quitter sa maison ;
J'attendois mon congé ; car voilà ma raison
De me tenir caché.

VALERE.

Bon.

CRÉCY.

Sur cette conduite
Rien ne rompit la loi que je m'étois prescrite ;
Loi sage ! Cependant, le tems du Carnaval,
La veille du départ, me conduisit au bal ;
Mais toujours inconnu. J'entre, et dans l'instant même,
Parmi quelques Beautés d'une élégance extrême,
Je vois un jeune objet, dont l'aspect enchanteur,
Dès le premier regard, s'empare de mon cœur.
De la peindre, sans doute, il me seroit facile ;
Mais ce trait suffira. J'ai vu votre Lucile,
Cet objet adorable, et qui vous est si cher ;
Ma maîtresse, Monsieur, a beaucoup de son air,
Ce sont ses yeux, sa bouche. . . et si votre maîtresse,
De la sienne jamais, en secret, vous adresse
Le langage charmant que l'on me tint alors,
Vous aurez mon bonheur ; aurez-vous mes transports?
Il me fallut partir sans me faire connoître ;
L'amour, depuis ce tems, fut ma joie et mon maître.
Un père tendre et bon, sensible comme moi,
M'offre à ce cher objet ; on m'engage sa foi ;
Je revole à ses pieds ; mais changement funeste !
La honte et la douleur sont tout ce qui me reste ;
Un rival préféré me l'arrache aujourd'hui,
Je maudis son triomphe & l'amour avec lui.

VALERE.

Votre malheur me touche, il faut que je l'avoue ;
Ah ! d'un homme d'honneur, est-ce ainsi qu'on se joue!

Si l'on m'eût outragé par un affront pareil,
Je sais fort bien de qui mon cœur prendroit conseil.

CRÉCY.

Je sais aussi, Monsieur, ce que l'honneur commande;
On m'en rendra raison, s'il faut qu'on me la rende.
Je respecte toujours l'objet qu'on me ravit.
A des ordres cruels peut-être elle obéit.
Elle gémit peut-être, et sa chaîne la blesse;
Mon rival en ce cas est sans délicatesse;
C'est à moi de l'instruire, alors, de son devoir.
Mais si je trouve, hélas! ce qu'il me faut prévoir,
Des cœurs intéressés, ma maîtresse infidèle,
Monsieur, qu'est-il besoin que je m'occupe d'elle?
Le dépit et l'honneur sont deux points différens,
Le mépris est alors le parti que je prends.

VALERE.

On ne peut mieux penser. Fort bien! Il est dommage
Qu'à des gens tels que vous, on fasse un tel outrage!
Je souffre, je vous plains, et suis vraiment honteux,
Témoin de vos chagrins, de me voir tant heureux.

CRÉCY, *avec un dépit concentré.*

Ah! souhaitez de l'être autant qu'il est possible.

VALÈRE, *avec une bonne foi avantageuse.*

C'est le vœu d'un bon cœur, et j'y suis bien sensible.
Adieu. Nous nous verrons avant la fin du jour.

CRÉCY.

Je l'espère.

VALERE.

Je vole où m'appelle l'amour.

SCENE III.

CRÉCY, *seul.*

Où l'appelle l'amour!... ma honte est décidée.
C'en est fait, à ses vœux Lucile est accordée.
Il est heureux, aimé, comblé de son destin.
Il ne faut que le voir pour en être certain.
Je ne présumois pas toute mon infortune.

SCENE IV.

JULIETTE, CRÉCY.

JULIETTE.

Excusez-moi, Monsieur, si je vous importune.

CRÉCY.

Non, Juliette, non, vous ne me gênez pas.

JULIETTE.

Vous avez du chagrin?

CRÉCY.

Moi? non.

JULIETTE.

Quel embarras

Nous allons avoir!

CRÉCY.

Qui?

JULIETTE.

Nous; et j'en suis chagrine.

CRÉCY.

Eh! quoi donc?

JULIETTE.

Une noce.

CRÉCY.

Ici?

JULIETTE.

Votre voisine,
Cette belle Lucile, on va la marier.

CRÉCY.

Marier!

JULIETTE.

Oui, vraiment! vous êtes le dernier
Dans l'hôtel, à l'apprendre.

CRÉCY.

Elle épouse?....

JULIETTE.

Elle épouse
Monsieur Valère.

CRÉCY, *avec force.*

O Dieu!

JULIETTE.

Quelle fureur jalouse

Vous fait ainsi, Monsieur, vous récrier?

CRÉCY.

Oh! rien....

C'est que je pensois..—(*il s'en va lentement.*)

JULIETTE.

(*à part.*)

Bon!—

(*Elle va prendre Crécy et le ramene.*)

Un moment d'entretien,

S'il vous plaît.

CRÉCY.

Hé bien, qu'est-ce?

JULIETTE, *le fixant, et d'un ton gai.*

Aimez-vous?

CRÉCY.

Qu'est-ce à dire?

JULIETTE, *de même.*

Aimez-vous?

CRÉCY.

Ah! cessez; il n'est pas tems de rire.

(*Il veut s'éloigner.*)

JULIETTE, *le retenant.*

Je ne ris pas non plus.

CRÉCY, *avec dépit.*

Je n'aimerai jamais;

Et j'en fais bien serment....

JULIETTE.

Ne jurez pas... Eh! mais,

Faut-il ainsi, Monsieur, perdre toute espérance?
L'amour fait bien souffrir, mais l'amour récompense.
Entre deux vrais amans, n'est-il qu'un malheureux?
Et le chagrin d'un cœur n'en blesse t il pas deux?

CRÉCY, *surpris.*

Ah! de grace, expliquez, ma chère Juliette....

JULIETTE.

Vous même répondez. Faut-il que je répette?....
Je ne puis rien vous dire encore que cela.
Quand vous aurez parlé, nous verrons. Mais, par-là,

CRÉCY.

Dites, que voulez-vous enfin me faire entendre?

JULIETTE.

Rien autre que ces mots, et ce qu'ils font comprendre.
Aimez-vous?

CRÉCY, *ému.*

Que trop!

JULIETTE.

Qui?

CRÉCY.

Qui?

JULIETTE.

Sans doute.

CRÉCY.

L'aveu
N'importe pas.

JULIETTE.

Beaucoup. Vous aiderai-je un peu?
Le Carnaval dernier, dans un bal, à Péronne.
Vous voyez, par hazard, une jeune personne....

CRÉCY, *vivement.*

O Ciel! qui vous a dit?.... Oui, Juliette, eh bien!
C'est Lucile, il est vrai; je l'aime, j'en convien:
C'est une passion, par malheur éternelle,
J'accours, j'arrive ici, je n'y viens que pour elle;
Mais Valère, bientôt, maître de tant d'appas....

JULIETTE.

On le craint. Ce qu'on craint on ne l'approuve pas.

CRÉCY.

Est-il possible?... Mais chéri dans la famille,
Valère, cependant...

JULIETTE.

Ne plaît point à la fille.

CRÉCY.

Dieu!... Mais Lucile enfin m'aime-t-elle!

JULIETTE.

Entre nous,...
Je ne sais.... Mais je sais qu'on se souvient de vous.

CRÉCY.

Mais ce fatal hymen....

JULIETTE.

On en a rompu d'autres.

CRÉCY

CRÉCY.

Les projets de Franval....

JULIETTE.

Tâchez d'avoir les vôtres.

CRÉCY.

Si vous saviez... Hélas! pourrai-je me flatter
Que Lucile m'approuve?

JULIETTE.

En pouvez-vous douter?
Elle voit avec peine un hymen qui s'approche.

CRÉCY.

Ah! je crains d'échouer!

JULIETTE.

Vous serez sans reproche.

CRÉCY.

Ne pourrai-je la voir?

JULIETTE.

Peut-être.

CRÉCY.

Un seul instant;
Un seul, je vous en prie; et croyez....

JULIETTE.

Un moment...
Paix! je vois s'avançer le laquais de Valère.
Sachons ce qu'on a fait, et ce que l'on doit faire.

Allez, prenez courage.

CRÉCY.

Ah! je compte sur vous.

(*Il sort.*)

SCENE V.

GERMON, JULIETTE.

JULIETTE.

Voici bien du tracas, et pour vous, et pour nous,
Monsieur Germon. La noce, à quand?

GERMON.

Mademoiselle,
Mais sans doute demain; mon maître la veut belle,
La dépense lui plaît, et ne lui coûte rien.

JULIETTE.

Il est donc riche?

GERMON.

Oh! oh! si j'avois tout le bien
Qu'il doit avoir; j'aurois laissé là le service.
Mais patience! un jour le sort fera justice.

JULIETTE.

Valère, assurément, vous récompensera?

GERMON.

D'une ferme. Il la dit.

JULIETTE.

Il vous la donnera.

GERMON.

Vous croyez?

JULIETTE.

Pourquoi non? dès qu'il vous l'a promise!

GERMON.

Oui vraiment; mais promettre et tenir....

JULIETTE.

Bon! sottise;
Qu'est-ce donc que cela pour un homme opulent?

GERMON.

Oh! vous me ravissez! que je serai content!
Je veux... que...

JULIETTE.

Dites-moi, votre maître Valère
Aime beaucoup Lucile?

GERMON.

Étonnement!

JULIETTE.

Le père
De cette demoiselle est, je crois, enchanté
D'avoir un pareil gendre?

GERMON.

Oui, c'est la vérité.

JULIETTE.

La noce dans sa tête étoit bien résolue;
Puisqu'à peine, à Paris, cette affaire est conclue.
Hier, il arriva ici, Valère ce matin,
Et les voilà d'accord; c'est aller d'un bon train,
C'est un parti bien pris, mais bien pris, ce me semble.

GERMON.

Bon! hier en chemin ils dînèrent ensemble.

JULIETTE.

Ah! ah!

GERMON.

Mon maître est fin, de bon goût....

JULIETTE.

Mais pas mal.

GERMON.

Son père est grand ami de Monsieur de Franval.

JULIETTE.

(*A part.*)

Adieu, Monsieur Germon.—L'affaire est difficile.

(*Elle sort.*)

SCENE VI.

GERMON, *seul.*

QUE mon maître a d'esprit! quelle tête subtile!
Voyez, il fait ici d'une pierre deux coups.
Quand j'y pense pourtant, que mon sort sera doux!
Mon maître marié; tout de suite il me donne
Une petite ferme à cent pas de Péronne.
Je serai libre. Là le soir... non, le matin,
Je m'en vais travailler dans mon petit jardin:
Je dis petit jardin, pour ce qui l'accompagne;
Car les jardins toujours sont grands dans la campagne.
Je vois déja mes champs, et ma vigne sur-tout,
Ma prairie... en un mot, ce qu'il faut, je vois tout.
Le beau bien! pour moi seul!... non, tout seul on s'ennuye...
Ainsi riche, aisément, je crois, on se marie:
Je prends femme gentille... oh! oui, car sur ce point,
Ma foi, je la veux belle, ou bien je n'en veux point.
Je ne l'ai pas plutôt que les enfans me viennent.
Tous garçons;... au collége... oh! oh! c'est qu'ils parviennent.
Je rirois bien un jour si j'allois m'éveiller
Père d'un gros Chanoine.... ou bien d'un Conseiller.

SCENE VII.

GERMON, VALERE.

VALERE.

HEUREUX sort que le mien ! je suis comblé de joie.
Ah ! te voilà, Germon. La fortune m'envoie
Plus de bien, de plaisirs, mon cher, que je n'en veux.

GERMON.

Monsieur, prenez toujours.

VALERE.

J'ai beau former des vœux,
A peine imaginés, je les vois qui prospèrent.
Et puis, je vois des gens qui de tout désespèrent.
Eh morbleu ! qu'après tout, ils fassent comme moi;
Que n'ont-ils mon esprit, ma tête; mais, ma foi,
C'est là le difficile...

GERMON, *se frottant les mains d'aise.*

Eh bien ! l'affaire est faite,
Vous épousez ?

VALERE.

Germon, elle est faite et parfaite.
Franval est enchanté, la mère encore plus,
Lucile, par pudeur, se tait; soins superflus !
Il faudra qu'elle parle, et me rende les armes.
Elle m'aime, à bon compte ; elle a beaucoup de charmes,
Mais chacun a les siens.

GERMON.

Vraiment!... le clavecin
A-t-il fait son effet?

VALERE.

A propos, ce dessein
N'a pas eu lieu.

GERMON.

Tant pis.

VALERE.

En cet hôtel barbare
Il n'est pas d'instrument, pas même une guittare.
Ce moyen, je le sais, m'auroit servi beaucoup,
Mais on ne montre pas son savoir tout d'un coup.
Tant mieux! car si déja j'ai pleine réussite,
Que sera-ce à l'aspect de ce nouveau mérite?

GERMON.

Le clavecin pourtant n'auroit pas été mal.

VALERE.

Charmant!... mais il vaut mieux que je lui donne un bal.

GERMON.

A Lucile?

VALERE.

A qui donc? elle aime fort la danse;
Elle en parloit beaucoup. J'y réussis, je pense.
Il est assurément dans l'hôtel un salon,
De trente pas en large et de cinquante en long,
Je le fais préparer mon cher, dans la minute.

Ici pour de l'argent tout se fait, s'exécute,
L'orchestre est élevé dans le fond du tableau.
En forme de balcon, à la hâte, mais beau.
Quinze ou vingt instrumens y marquent la cadence.
Mais entends-tu, Germon, ce flutet de Provence,
Dont le son, mesuré par ce long tambourin,
Prime pardessus tout, et nous mène d'un train?

GERMON.

Allez!

VALERE, *dansant.*

J'y suis déja...! mon ame en est émue.
(*Il prend Germon sous le bras et lui dit avec délire.*)
Admire donc le bal. Cette aimable cohue....
Cette diversité de couleurs et d'atours;
Ces agiles beautés, qui se meuvent toujours;
Cette musique vive!... enfin, que puis-je dire?
Jusques même dans l'air, dans l'air qu'on y respire,
On sent, par les effets d'un prestige amoureux,
Je ne sais quoi de doux, et de voluptueux,
Qui prête au sentiment et qui le sollicite.
J'ai la main de Lucile, et la serre. Elle évite
Mes doux efforts, se fâche et veut m'en imposer.
Finesse! j'ose encore; on me permet d'oser.
On s'entrelace ensemble; ensemble on se promène;
L'émotion du cœur s'en mêle et nous entraîne;
Et je goûte à la fin ce plaisir enchanteur,
De voir dans ses regards le trouble et la langueur.
Lucile est fatiguée et pourtant elle danse;
Mais c'est un certain air, c'est une nonchalance;
Mon bras lui sert d'appui, mon œil fait un larcin;

Et l'amour quelquefois l'approche de mon sein.
O plaisir ravissant!

GERMON, *hors de lui.*

Quel bonheur!

VALERE.

J'en suis ivre!
Quand on jouit ainsi, qu'on est heureux de vivre!
Sonne, appelle l'hôtesse; il faut se dépêcher,
On n'a pas trop de tems; cours.

GERMON.

Je vais la chercher.
(*Il sort.*)

SCENE VIII.

VALERE, *seul.*

Du bal, grâce à l'amour, qui toujours me protége,
Nous passons à la noce; alors j'ai le cortége
D'une maison nombreuse, indispensable ici;
Sans cela point d'accès, de consistance : aussi,
Les Ministres souvent me verront à leur porte.
Un succès suivra l'autre; et j'agirai de sorte
Qu'avant peu je me vois introduit à la cour.
Une fois installé dans ce brillant séjour,
Quels seront les emplois, les dignités, les places,
Où je ne puisse, moi, prétendre? car les graces
Pleuvent sur le mérite, et suivent les talens;
C'est l'usage. Ainsi donc....

SCENE IX.

GERMON, VALERE.

GERMON.

Monsieur, changez vos plans,
Point de bal.

VALERE.

Et pourquoi?

GERMON.

Nous n'avons pas de sale;
J'en ai bien du regret,

VALERE.

Circonstance fatale!
Pas un petit salon d'environ trente pas?

GERMON.

Ni petit, ni grand.

VALERE.

Oh!... quel funeste embarras!
Car dans ce même instant, tiens ma tête féconde
Concevoit un projet, le plus joli du monde;
Il faut de ses talens toujours tirer parti.
Vers le milieu du bal, sans qu'on fut averti,
J'aurois adroitement, dans ce cercle superbe,
En impromptu, joué quelque charmant proverbe.
Hem! c'est là que je brille?

GERMON.

Oh! peste, je le crois.

VALERE.

Je ferois moi tout seul dix rôles à la fois.
Il faut absolument, par ce genre de gloire
Dans le cœur de Lucile assurer ma victoire.

GERMON.

Vous ne le pouvez pas; ne vous ai-je pas dit
Qu'il n'est point de local commode...

VALERE.

Hôtel maudit!
On n'y peut dépenser son argent à son aise.

GERMON.

N'en dépensez pas trop, Monsieur, ne vous déplaise;
Pour de pareils projets, c'est beaucoup qu'il en faut.

VALERE.

En l'état où je suis on n'est pas en défaut.
Comptes-y; je saurai trouver, je t'en assure,
Quelque moyen.... Germon! demande une voiture
Pour moi, (*Germont sort.*)

SCENE X.

VALERE, *seul.*

Je prétends bien, pour gage de mes soins,
Présenter à Lucile une corbeille au moins.
La fraîcheur d'un bouquet convient au mariage;
Et la beauté sourit en voyant son image.

SCENE XI.

FRANVAL, VALERE.

FRANVAL.

Vous voilà, cher Valère? et bien! avez-vous vu
Mon épouse? ma fille? on vous a bien reçu?
J'avois recommandé....

VALERE.

Quelle faveur touchante!
Je ne puis exprimer....

FRANVAL.

Brisons là.

VALERE.

Tout enchante,
Tout plaît dans votre fille. Assis à ses côtés,
Je bénissois, Monsieur, vos heureuses bontés,
Et vos soins paternels, qui même en votre absence...

FRANVAL, *souriant.*

Allons, paix!...

VALERE.

Vous riez? quoi, ma reconnoissance!...

FRANVAL.

J'espère bien qu'un jour elle éclatera mieux.

SCENE XII.

Madame de FRANVAL, FRANVAL, VALERE.

Madame DE FRANVAL.

Vous voilà de retour, mon cher mystérieux?
Peut-on vous demander si dans votre entreprise,
Vous avez réussi?

FRANVAL, (*souriant.*)

S'il faut que je le dise,
Assez bien.

Madame DE FRANVAL.

Assez bien? mon cœur en est charmé.
Tant mieux!.. votre homme enfin sera donc renfermé?

FRANVAL, *avec la plus grande surprise.*

Quoi donc? que dites-vous?

Madame DE FRANVAL, *avec malice.*

Ce que je sais.

FRANVAL.

De grâce,
Qui vous a dit?...

Madame DE FRANVAL.

Qui veut cacher ce qui se passe,
Doit être plus soigneux.

FRANVAL.

Comment donc?

Madame DE FRANVAL.

Quelque part
J'ai lu ces mots » le dix, m'employer sans retard
» Avec tout le secret que l'amitié demande,
» A faire renfermer l'homme qu'on recommande,
» A mes soins vigilans. » Continuez. Fort bien
Vous-vous mêlez de tout, et ne me dites rien.

FRANVAL.

Mais, Madame, ai-je tort? puisque dans l'instant même
Votre indiscrétion....

Madame DE FRANVAL.

L'exigeance est extrême.
Qui n'a point un secret ne doit pas le garder.

FRANVAL.

Dans mes tablettes, bon! vous pourrez regarder
Désormais; il suffit... ces secrets....

Madame DE FRANVAL, *souriant du coin de l'œil à Valere.*

Sont les vôtres.
Mais là, consolez-vous, nous en savons bien d'autres.

FRANVAL.

Hé bien, que savez-vous?

VALERE, *faisant le discret et l'officieux important.*

Ah! Monsieur, à regret
Je me trouve témoin... mais Valère est discret.
De ces mystères là je connais l'importance....
Je voudrois vous aider en cette circonstance.
Je sais, Monsieur, je sais prouver, quand il le faut,

Que l'adresse chez moi n'est jamais en défaut.
L'homme....

FRANVAL.

Si vous saviez combien il me chagrine....

VALERE.

Qu'on exécute l'ordre ; hé vîte à la sourdine...

FRANVAL.

Pour cela tout se trouve assez bien disposé.
Il me faut un exempt.

VALERE.

Mais il est fort aisé
De s'en procurer un. Je m'en charge.
(*Il veut sortir.*)

FRANVAL *l'arrêtant.*

Oh ! de grâce !

VALERE, *insistant pour sortir.*

Ah ! Monsieur, permettez que je me satisfasse,
Que j'épargne vos pas.....

FRANVAL.

C'est trop fort... arrêtez !
J'ai peiné...

VALERE.

C'est envain que vous me résistez.

FRANVAL., *embarrassé,*

Mais c'est que...

VALERE.

Plus que vous, je ferai diligence.

L'homme peut échapper.

FRANVAL.

Nous le tenons.

VALERE.

Je pense
Que vous ne voudrez pas m'enlever le plaisir,
Pour la première fois, Monsieur, de vous servir?

Madame DE FRANVAL.

Laissez faire, Monsieur.

VALERE.

Mille graces, Madame.

Madame DE FRANVAL.

Valère, dépêchez.

VALERE.

Vous me comblez!

FRANVAL, *un peu honteux.*

Ma femme....

Madame DE FRANVAL.

A dîner, avec nous, j'ose inviter, Monsieur.

VALERE.

Madame, avec transport j'accepte cet honneur.
Je reviens à l'instant, et comptez sur mon zèle,
Sur l'effet de mes soins : c'est une bagatelle.
Je rencontre un exempt observateur et fin,
Sévère, mais poli... tel qu'il doit être enfin.
Je m'explique en trois mots, il me comprend de reste;

Il tient sa chaise prête, il prend mon homme, et zeste !
Il l'ammene, l'enferme ; et sans autre souci,
Vous êtes satisfaits, et je le suis aussi.

(*Il sort d'un côté, Franval et son épouse de l'autre.*)

Fin du second Acte.

ACTE III.

SCENE PREMIERE.

Madame DE FRANVAL, VALERE.

Madame DE FRANVAL.

Pendant tout le dîné vous avez-vu, Valere,
Ce Monsieur de Franval et son air de mistère;
Saisissons le moment, où, dans son cabinet,
Il fait de tous ses biens un compte clair et net,
Et parlons franchement. Je ne suis pas sa dupe;
Vous êtes pour beaucoup dans le soin qui l'occupe;
Convenez-en? j'ai su, non pas pour mon époux,
Pendant tout le matin, me taire devant vous :
Je voulais vous connaître et voir, en bonne mère,
Le fond de votre esprit, de votre caractère;
J'en suis fort satisfaite, et je puis, sans danger,
Vous appeller mon gendre.

VALERE.

Ah! Madame!

Madame DE FRANVAL.

A juger
De ma fille, on devine aisément sa réponse.

VALERE.

Quoi! Lucile....

Madame DE FRANVAL.

Est à vous.

VALERE.

Comment!

Madame DE FRANVAL.

Je vous l'annonce,
Vous le savez fort bien, avouez-le?

VALERE, *voulant jouer le modeste.*

Qui? moi?
J'ai pu me la promettre et compter sur sa foi.
Votre époux me témoigne une amitié si vive,
Tant de bonté, d'égards, d'ailleurs même il arrive,
Qu'entre mon père et lui, la plus tendre amitié....

Madame DE FRANVAL.

Je le sais.

VALERE.

Vous voyez, qu'un nœud fait à moitié
Par de tels sentimens, et par ces convenances,
A bien pu me donner au moins des espérances.

Madame DE FRANVAL.

Vous êtes trop modeste; avec vos qualités,
Ces espérances-là sont des réalités.

VALERE, *transporté.*

Madame, à vos genoux recevez, je vous prie,
Les premiers mouvemens de mon ame attendrie,
Et les transports d'un cœur...

Madame DE FRANVAL, *le relevant.*

Oui, Monsieur, je reçois
Tous vos remercimens. Levez vous. Et je crois
Que cet hymen fera le bonheur de ma fille,
Et le vôtre, et celui de toute la famille.

VALERE.

Je le promets, j'en jure; et je veux, chaque jour,
Que nous bénissions tous et l'hymen et l'amour.

Madame DE FRANVAL.

Vous étes complaisant?

VALERE.

C'est ma vertu suprême.
Quel plaisir enchanteur d'obliger ce qu'on aime!
De lui complaire en tout!....

Madame DE FRANVAL.

Et vous ne serez pas
De ces gendres fâcheux, qui dès le premier pas,
A peine réunis aux parens d'une épouse,
Égoïstes tyrans, dans leur humeur jalouse,
Condamnent tout en nous, jusqu'aux moindres désirs,
Et veulent nous priver du monde et des plaisirs?

VALERE.

Me préserve le ciel d'un semblable systême!

Madame DE FRANVAL.

Je vous en avertis, je veux m'amuser; j'aime
Les plaisirs. J'entends bien les plaisirs innocens,
Et les plus variés, pourvu qu'ils soient décens.
Nous voilà dans Paris. Ah! Monsieur, j'en suis folle.

Je m'en explique bien! je veux votre parole,
Qu'une fois marié, du matin jusqu'au soir,
Vous me promenerez par-tout, je veux tout voir.

VALERE, *enthousiasme.*

Tout, Madame! Paris est un lieu de délices.
Cette variété d'aspects et d'édifices!
Ces nombreux habitans, de l'un à l'autre bout,
Nulle part arrêtés et se croisant par-tout!
Ces carosses brillants!....

Madame DE FRANVAL, *toujours enchantée.*

Charmant!... je me figure
Que vous aurez, Valère, une belle voiture?

VALERE.

Magnifique! superbe!

Madame DE FRANVAL.

Oh! déja je souris
De m'y voir triomphante au milieu de Paris!
Je n'en sortirai pas de toute la journée.

VALERE, *brillamment.*

Mais représentez-vous de la sorte trainée;
Ce fastueux éclat de quatre grands laquais,
Chamarrés de couleurs, jeunes, hardis, bienfaits;
On va, revient, retourne, accourt, retourne encore
Le soir, l'après midi, le matin, dès l'aurore
Sans prétexte, sans but, c'est égal; il suffit
De parcourir la ville et de faire du bruit.
Au Cours, au Boulevart; poussière! grand tapage
On se range, on s'arrête... oh! le bel équipage.
Voyez-en des harnois, des chevaux pleins d'ardeur;

Ce cocher, tout là haut, comme un triomphateur,
Nous dedans !... quel plaisir !.

Madame DE FRANVAL, *se pâmant de joie.*

Ah ! quel plaisir, Valère!
Et tout le monde est là, qui voit, qui considère !...
(*Elle saute au cou de Valère.*)
Vous faites mon bonheur !

VALERE.

Quand vous faites le mien,
Ce retour est bien juste; et ce n'est encor rien :
Je prétends....

Madame DE FRANVAL, *subitement et avec précaution.*

Écoutez. A propos, je m'avise
D'un fait très-important, qu'il faut que je vous dise.
J'ai prié mon époux d'acheter près d'ici
Une terre.....

VALERE, *avec un sourire de confiance.*

Une terre ?

Madame DE FRANVAL.

Écoutez bien ceci.
Le cruel me refuse » hé ! quoi donc, suis-je un Prince,
» Dit-il, n'en ai-je pas au fond de ma province,
» Où je trouve la paix et de bons revenus?
» Paris et sa banlieue est pour nos parvenus,
» Le faste est fait pour eux, les rentes me conviennent.»

VALERE.

Madame, c'est à moi que ces soins appartiennent.

O rencontre agréable, et qu'à présent je voi
A quel point le bonheur veut s'attacher à moi!
Vous voulez une terre? admirez ma fortune!
Je viens d'en découvrir, et d'en acheter une.

Madame DE FRANVAL.

Près de Paris?

VALERE.

Peut-être à deux milles au plus.

Madame DE FRANVAL.

Divin!

VALERE.

Quoi! vos désirs seroient-ils superflus!
Que plutôt!....

Madame DE FRANVAL.

Cher Valère! et cette terre a-t-elle
Un jardin anglais?

VALERE.

Oh!... sans doute. Elle est si belle.

Madame DE FRANVAL.

J'aime un jardin anglais à la fureur!

VALERE.

Vraiment!
Ma terre doit avoir un pareil ornement.
Hé! qui ne jouit pas d'un bien si délectable!
On ne s'en passe plus; il est indispensable,
Petit ou grand terrein, maisonnette ou palais,
Chaque enclos, dans Paris, a son jardin anglais.
Mais supposons enfin que, par bizarrerie

Je n'en trouvasse pas. Bientôt une prairie
Transformée, en trois jours, en vaste région,
Nous présente l'objet de votre ambition.
Dans un arpent de terre enfermant six montagnes,
Je trace trois vallons, et quatre ou cinq campagnes
Ici, c'est un village, une ferme plus loin;
Là, presque sous la main, vous aurez au besoin,
Des prés, des champs, des bois, une forêt entière,
Des vignes, des rochers, des ponts, une rivière,
Un temple grec, tout neuf, qu'on bâtit ruiné,
Enfin, l'arpent, Madame, est si bien combiné,
Que j'y fais contenir la terre en miniature,
Et c'est l'échantillon de toute la nature.

Madame DE FRANVAL.

Que je vais être heureuse au milieu de cela!...
Et Monsieur de Franval rit de ces choses-là.
La terre est bien à vous? on ne peut se dédire
Au moins?...

VALERE.

C'est marché fait. Il ne faut plus qu'écrire
Quatre mots.

Madame DE FRANVAL.

Hâtez-vous!

VALERE.

Le Comte de Crécy,
Le vendeur, n'est pas loin, Madame, il loge ici;
Je sors, je le rejoins, et je vous le présente.
Heureux! cent fois heureux que vous soyez contente!
(*Il sort.*)

SCENE II.

Madame DE FRANVAL, *seule.*

L'AIMABLE gendre!... eh bien! d'abord un doux penchant
Pour lui m'a décidée.

SCENE III.

Madame DE FRANVAL, LUCILE.

LUCILE.

ON vient...

Madame DE FRANVAL.

Qui? le marchand
Que j'avois demandé! voyons ce qu'il apporte.

LUCILE.

C'est lui-même.

Madame DE FRANVAL.

J'y vais. Le plaisir me transporte,
Ma fille! ce Valère est un homme accompli,
Doux, soumis, complaisant, agréable, poli;
Il m'a tout avoué; c'est votre époux, Lucile;
Que vous serez heureuse!

(*Elle sort.*)

SCENE IV.

LUCILE, *seule.*

Il seroit inutile
De m'efforcer moi-même à former de tels nœuds;
Je n'y puis consentir : cet hymen est affreux :
J'en mourrois de douleur. Est-ce penchant, contrainte,
Est-ce effet du courage, ou plutôt de la crainte?
Je ne sais; mais enfin, pour l'aimable inconnu,
Je ne sentis jamais mon cœur si prévenu.
M'aime-t-il...? doux espoir!... je n'ose... Juliette
Tarde à revenir... (*elle la voit*) ah!

SCENE V.

JULIETTE, LUCILE.

JULIETTE.

Me voici. Je vous guette
Depuis une heure au moins.

LUCILE.

Pardon!

JULIETTE.

Je n'ose pas
Entrer souvent chez vous. Valère est sur vos pas.

LUCILE.

Il m'obséde en effet.

JULIETTE.

J'ai fait votre message,
J'ai vu votre jeune homme enfin. Sur son passage
Je me suis mise.

LUCILE.

Hé bien?

JULIETTE.

Hé bien?

LUCILE.

Assurément
Il ne se souvient plus de moi?

JULIETTE.

Sincèrement,
Le croyez-vous?

LUCILE.

Parlez.

JULIETTE.

Il aime....

LUCILE, *vivement.*

Il m'aime encore?
Juliette, est-il vrai?... son cœur....

JULIETTE.

Il vous adore.
Il est ici pour vous, pour vous seule....

LUCILE.

Pour moi?

JULIETTE.

Il me l'a dit.

LUCILE.

Il sait qu'on engage ma foi,
Peut-être espère-t-il?

JULIETTE.

Il n'a qu'une espérance.

LUCILE.

Laquelle?

JULIETTE.

De vous voir un moment.

LUCILE.

La prudence
Défend... je ne le puis, Juliette.

JULIETTE.

En effet;
Je n'ai pu sur ce point le rendre satisfait.
Il étoit fort pressant, il vouloit ma promesse....

LUCILE.

Ah! vous l'aurez donnée....

JULIETTE.

Oh! non, avec adresse,
Sans trahir vos refus, j'ai flatté son espoir.

LUCILE.

Que lui serviroit-il à présent de me voir?
S'il est une ressource à mon malheur funeste,

La tendresse d'un père est tout ce qui me reste;
Que ne va-t-il plutôt se jetter à ses pieds.

JULIETTE.

Mais il ne savoit point, hélas! si vous l'aimiez :
C'est encor un secret pour lui.

LUCILE.

Mais.... Juliette....

JULIETTE.

Je l'ai tu.

LUCILE.

Vous avez bien fait,

JULIETTE.

Je suis discrète.

LUCILE.

Que je suis malheureuse!

JULIETTE.

Eh bien! que ferons-nous?
Ciel! les voici.

LUCILE.

Fuyons.

JULIETTE.

Restons. Contraignez-vous.

SCENE VI.

JULIETTE, LUCILE, VALERE, CRÉCY.

VALERE, *à Crécy dans le fond.*

Autant qu'à moi, la terre enfin lui fait envie;
Madame de Franval, Monsieur, sera ravie
De savoir les détails de cette affaire-ci.
Daignez vous approcher, de grace : la voici.
(*Ils s'avancent.*)
Je me trompe; et je suis heureux de ma méprise,
Voyez comme le sort toujours me favorise.
(*A Crécy.*)
Ah! puisque le hasard le permet, en ce jour,
Je veux vous présenter. Concevez mon amour,
(*A Lucile.*)
En voyant tant d'appas. Voici, Mademoiselle,
Le Comte de Crécy, c'est un ami fidèle,
Que mon bonheur, je crois, vient m'offrir en ces lieux.

CRÉCY, *avec émotion.*

Passons sur l'amitié; ce qui frappe mes yeux,
Rappelle un sentiment et plus cher et plus tendre,
Et la félicité qui semble vous attendre,

VALERE, *aux genoux de Lucile.*

Il trahit mon secret. Je tombe à vos genoux;
L'amour et vos parens, m'ont nommé votre époux,
Partagez mes transports, adorable Lucile.

LUCILE, *émue.*

Une fille bien née, est soumise et docile....
La vertu qui prescrit de pénibles efforts,
N'inspire pas toujours de si joyeux transports.

VALERE.

La réponse est modeste. Aisément je soupçonne
Qu'il faut gagner un cœur que la vertu me donne.

CRÉCY.

Le tems est un grand maître, il commande à l'amour.

VALERE, *avec confiance.*

Souvent une conquête est l'ouvrage d'un jour.
(*A Lucile.*)
Qu'en dites-vous?

LUCILE, *avec une tendre finesse.*

Je suis contrainte de le dire,
Pour s'enflammer, un jour, un instant peut suffire.

VALERE.

Mais vous-même, cher Comte, alors qu'un trait fatal
Vous blessa tout-à-coup au milieu de ce bal.
Vous le prouvâtes bien.

CRÉCY.

Il est vrai.

VALERE, *à Lucile.*

L'aventure
Est fort intéressante. Un jour....

CRÉCY, *bas à Valère.*

Je vous conjure....

LUCILE, *avec curiosité.*

Un jour... ?

VALERE, *à Crécy.*

Hé pourquoi donc ne le dirai-je pas?
(*A Lucile.*)
Écoutez. Ceci même a pour moi des appas.
Quelques gens ont voulu souvent, me faire croire
Que, soit talent, esprit, ou jeu de la mémoire,
J'arrangeais une scène assez passablement;
Je veux vous en donner le divertissement.
Je suis franc et naif et conviens, sans mystère,
Que j'use avec plaisir de mes moyens de plaire.
(*A Crécy.*)
Souffrez donc que je parle, et me montre indiscret,
Ceci peut vous servir : car, tenez, sur ce fait,
S'il faut que franchement avec vous je m'explique,
Vous eutes peu d'adresse et peu de politique.
La scène est donc au bal, où Monsieur, que voici,
S'approche d'un objet charmant, et dit ceci.
(*Il contrefait Crécy.*)
« Que j'oublie aisément, adorable personne,
» Près de vous, les plaisirs du bal qui m'environne!
» Et que tous ces danseurs turbulens et joyeux
» Changeraient s'ils avaient et mon cœur et mes yeux!

CRÉCY.

En vérité! voilà mot à mot mon langage.

VALERE.

Nous connaissons un peu le style et son usage.
(*Il contrefait la belle.*)
» Sans doute que la danse a pour vous peu d'attraits,

» Monsieur,

« Monsieur, et »... c'est la belle, ici, qui fait les frais

(*A Crécy.*)

Du discours, observez. — Comment s'appelle-t-elle,

CRÉCY.

Son... nom?....

VALERE, *faisant le discret.*

Allons... Philis est le nom de la belle.
Il faut dans un récit marquer les tems, les lieux,
Et les noms des acteurs, on se comprend bien mieux.
« Il est, poursuit Philis, des instans dans la vie,
» Où les plaisirs bruyans nous donnent peu d'envie,
» Aujourd'hui, je me sens assez de cette humeur. »

(*A Crécy*)

Votre hommage plaisait, Philis avoit un cœur,
En partageant vos gouts, elle était plus aimable.

(*A Lucile.*)

Cet effet n'est-il pas naturel?

LUCILE.

Véritable.

VALERE.

Vous voilà donc liés, vous vantez ses appas,
Ses graces, son esprit; Philis n'en manque pas;
Elle comprend fort bien ce que vous voulez dire,
Et vous vous déclarez, enfin: Philis soupire.

CRÉCY, *vivement.*

Vous croyez?

VALERE.

Mais, mon cher, daignez considérer,

Qu'on ne vous retient point, pour ne pas soupirer,
Je m'en rapporte à vous, Mademoiselle, dites ?

LUCILE, *embarrassée*

Monsieur....

VALERE

Vous, Juliette ?

JULIETTE, *à Crécy.*

A l'aveu que vous fites,
S'il fut sincère.

CRÉCY.

Oh ! oui,

JULIETTE.

Soyez donc assuré,
Qu'indubitablement Philis a soupiré.
(*A Valère.*)
Continuez, de grâce, une scène pareille;
Vous la rendez à ravir.

LUCILE.

A merveille !

VALERE, *de la meilleure foi.*

Trop heureux de vous plaire ! en toute occasion,
Le talent de conter est dans l'illusion.
(*A Crécy.*)
Vous avez donc touché le cœur de votre belle.

CRÉCY.

Je n'en suis pas certain.

VALERE.

Mais, comte, devoit-elle.

S'avancer plus que vous? point; vous-vous êtes tu
Jusques sur votre nom; l'on ne vous a plus vu;
Aux parens de Philis il fallait, sans remise,
Présenter vos respects, vos vœux avec franchise.
Tenez, supposez-vous amant, de leur aveu;
Interrogez Philis alors, voyons un peu.

(*Jouant Philis.*)

« Eh quoi, Mademoiselle, à mon âme attendrie.
» Ne repondrez-vous pas! parlez?... je vous en prie.
» Ah! j'atteste mon cœur que mon bien le plus doux
» Est de vous adorer, de n'adorer que vous.

(*A Crécy.*)

Vous confirmez aumoins tout ce que je prononce.

CRÉCY.

Tout. Que répondra t-elle?

VALERE.

Eh! vraiment sa réponse
Est simple et sans détour, chacun se la feroit.

CRÉCY.

Je crains de me la faire.

LUCILE.

Un cœur tendre et discret,
Intéresse toujours, je crois....

VALERE.

Mademoiselle,
Représentez Philis à votre tour, pour elle,
Dites-lui....

LUCILE, *très-émue.*

Je me tais, je n'ai pas vos talens,
Et j'exprimerois mal, Monsieur, ce que je sens.

JULIETTE, *passant entre Valère et Crécy.*

Je veux m'en mêler, moi.

VALERE.

C'est fort bien, Juliette;
Voyons, voyons.

JULIETTE, *jouant Philis.*

Monsieur, une flamme secrète
Éclate par les soins qu'on prend de la cacher.
Ne dissimulons plus. Vous avez su toucher
L'objet que vous aimez. Oui, Philis est sensible;
Philis n'aime que vous.

CRÉCY, *transporté*

O Ciel! est-il possible!

VALERE.

Mais voyez ce que c'est que de se pénétrer
D'un sujet.
(*A Juliette.*)
A ravir...!

JULIETTE, *riant.*

Et sans se préparer
Encore.

VALERE, *à Crécy sérieusement.*

Une autre fois, vous serez moins timide
Profitez, mon ami.

CRÉCY.

Que feriez-vous ?

VALERE.

Au lieu de rester à Paris,
Et de perdre mon tems, à gémir de ma peine;
Ma chaise! des chevaux! preste! on me les amène;
Je part, je vais le diable et le jour et la nuit;
L'amour n'arrête point. Bref j'arrive sans bruit,
Dans la petite ville, où la belle demeure,
Ainsi que ce rival. je m'arme, en moins d'une heure,
Un combat valeureux décide de mon sort.

CRÉCY.

Je goûte ce projet.

VALERE.

Comte, vous auriez tort,
D'en agir autrement.

CRÉCY.

J'aime votre prudence.

VALERE, *furieux.*

(Il enfonce son chapeau.)

Me ravir ce que j'aime?... ah! j'en aurois vengeance!
Je le joindrois enfin, ce rival déteste,

(Il prend Crécy par le bras.)

Je lui dirois : Monsieur, avec impunité
Je ne souffrirai pas cette mortelle injure.
Sortons... vous résistez?....

CRÉCY, *lui serrant le bras et furieux.*

Résister! non, je jure,
Sortons et dans l'instant.

VALERE.

Beaucoup! mais beaucoup!

JULIETTE.

Vous ne vous en doutez pas.

(*Elle sort.*)

SCENE VIII.

VALERE, CRÉCY.

CRÉCY.

Pour terminer vos soins, vous daignerez, j'espère,
Me dicter maintenant, ce qui me reste à faire.

VALERE.

Volontiers.

CRÉCY.

Je conçois que je puis être aimé?

VALERE.

Sans doute.

CRÉCY.

Et ce rival, dont je suis allarmé,
Abusant du pouvoir qu'un père a sur sa fille,
Lui seul fait mon malheur.

VALERE.

Bien vû! cette vétille
Ne doit pas arrêter un amant bien épris.

CRÉCY.

Que feriez-vous?

VALERE.

Au lieu de rester à Paris,
Et de perdre mon tems, à gémir de ma peine;
Ma chaise! des chevaux! preste! on me les amène;
Je part, je vais le diable et le jour et la nuit;
L'amour n'arrête point. Bref j'arrive sans bruit,
Dans la petite ville, où la belle demeure,
Ainsi que ce rival. je m'arme, en moins d'une heure,
Un combat valeureux décide de mon sort.

CRÉCY.

Je goûte ce projet.

VALERE.

Comte, vous auriez tort,
D'en agir autrement.

CRÉCY.

J'aime votre prudence.

VALERE, *furieux.*

(*Il enfonce son chapeau.*)

Me ravir ce que j'aime?... ah! j'en aurois vengeance!
Je le joindrois enfin, ce rival déresté,

(*Il prend Crécy par le bras.*)

Je lui dirois : Monsieur, avec impunité
Je ne souffrirai pas cette mortelle injure.
Sortons... vous résistez?....

CRÉCY, *lui serrant le bras et furieux.*

Résister! non, je jure,
Sortons et dans l'instant.

VALERE, *riant.*

Fort bien ! très-bien morbleu !

CRÉCY, *avec un sérieux colérique.*

Non, non, Monsieur ; sortons, ceci n'est pas un jeu.
C'est à vous, en un mot, à vous, Monsieur Valère,
Que Crécy, sans retard, prétend avoir affaire.

VALERE, *reculant d'étonnement.*

A moi ? plaisantez-vous ?

CRÉCY, *avec fureur.*

Non.

VALERE.

Qu'est-ce que ceci ?

CRÉCY.

J'aime Lucile enfin, moi, qui parle, Crécy.
Et mon rival, c'est vous.

VALERE.

Votre rival ?

CRÉCY.

Il reste
A voir qui de nous deux....

VALERE.

Jamais, je le proteste,
Je ne vous céderai Lucile : elle a ma foi.
Amour, destin, parens, tout se montre pour moi,
Et de plus mon courage.

CRÉCY, *bas et le serrant.*

On pourroit nous entendre :

A quatre pas d'ici, Crécy va vous attendre.

VALERE.

Je vous rejoins.

CRÉCY.

J'y compte.

(*Il sort.*)

SCENE IX.

VALERE, GERMON.

VALERE.

HOLA! Germon, hola!

Qui s'en seroit douté!... bon! tant mieux!....

GERMON, *accourant.*

Me voilà.

VALERE, *avec chaleur toujours.*

Donne mon autre épée?

GERMON.

Oh!...

VALERE.

Celle de voyage?

Celle-ci ne vaut rien.

GERMON.

Monsieur, pour quel usage?

VALERE.

Je vais me battre.

GERMON.

Avec?

VALERE.

Le Comte de Crécy,
Il prétend m'enlever Lucile.

GERMON.

A vous?

VALERE, *se promenant avec transport.*

Voici,
Voici l'occasion du monde la plus belle,
De montrer à Lucile un amant digne d'elle.
L'audace et la valeur plaisent à la beauté.
On peut d'un jour à l'autre, avec facilité,
Faire preuve à ses yeux, de talens, de mérite;
Mais de bravoure? il faut que le hazard suscite
Un moyen fait exprès; je l'ai trouvé, morbleu!
(*Il tire son épée, où il figure du bras.*)
Je vole à mon rival, et tu vas voir beau jeu.
Le feu dans le regard, je l'aborde, il s'avance;
Je l'attaque, il repart; je le serre, il s'élance
En arrière; je presse; il a beau m'éviter,
Je le joins de plus belle : il cherche à riposter,
Il riposte, s'engage, et, comme il se relève,
(*Avec un cri.*)
Je pars d'un coup adroit, et le combat s'achève.

GERMON, *allarmée, le retient par le bras.*

Ah! Monsieur, arrêtez! modérez ce transport.

VALERE.

Là, là, rassure-toi, Germon, il n'est pas mort.

Voudrais-je le tuer ? ce n'est pas mon envie.
Je veux le désarmer et guérir sa folie,
Lui prouver, en un mot, que pour donner la loi,
Peu de gens ont raison de s'attaquer à moi.

(Ils sortent ensemble.)

Fin du troisième Acte.

ACTE IV.

SCENE PREMIERE.

VALERE, GERMON.

GERMON.

Vous le voyez, Monsieur, votre attente est trompée;
Ceci....

VALERE.

C'est un bonheur, Germon, que mon épée,
Au fort de la bataille, ait rompu dans ma main.
Sans cela, j'eusse été, peut-être un inhumain.
L'ardeur me dominait, et dans le moment même,
Où mon fer s'est brisé, dans quel péril extrême,
N'étoit pas mon rival? je voyois, cette fois,
Un jour à le perçer, tout comme je te vois.

GERMON.

Tremblant, dans un recoin, je vous regardois faire;
Mais comme vous poussiez!....

VALERE.

Une noble colère
Agitoit mes esprits.

GERMON.

Comme on peut s'égorger!

VALERE.

Mais conviens, cependant, qu'au milieu du danger,
Malgré tout le tracas, j'occupois bien ma place?
Que j'avois à me battre une certaine grace?

GERMON.

Je n'ai pas trop pris garde à la grace.

VALERE.

Ah! pourquoi,
Dans cet heureux moment, Lucile, au lieu de toi,
N'étoit-elle pas là? ce tableau me transporte!
Quel aspect!

GERMON.

De frayeur, Monsieur, elle fût morte.

VALERE.

Ah! dis plutôt, Germon, que son cœur enflammé
M'eût applaudi tout bas; elle m'auroit aimé,
Cent fois, mille fois plus qu'elle ne m'aime.

GERMON.

Au diable!
Si je vois rien de beau dans un combat semblable.

VALERE.

J'ai toujours eu l'esprit frappé du merveilleux
D'un combat pour sa belle et livré sous ses yeux.
Je me figure là deux fiers champions d'armes,
Dont je suis toujours l'un, se disputant les charmes
De la beauté qni m'aime, et dont je suis épris.
Montrer ce que l'on vaut, en obtenant le prix,
Quelle gloire! c'est là qu'on plaît à sa maîtresse!

Survient-il un revers? il se peut qu'on me blesse,
Germon; et bien, alors, en essuyant ses pleurs,
Mon amante alarmée, appaise mes douleurs,
Et de sa main tremblante, après un doux murmure,
Et d'amoureux regrets, vient soigner ma blessure.

GERMON.

Vous êtes fou, Monsieur, avec de tels propos.
Hé! ne vaut-il pas mieux, frais, gaillard et dispos,
Bien portant, sans débats, ni trouble, ni querelle,
L'aimer en paix, au lieu de se battre pour elle?

VALERE.

Tu n'as pas dans l'esprit cette élévation
Qui seule peut juger de mon ambition.
C'est un raffinement que tu ne peux comprendre.

GERMON.

Tant mieux! n'en parlons plus, Monsieur, daignez m'apprendre
Maintenant, si la noce est pour demain?

VALERE.

Tu peux
Y compter.

GERMON.

Et la ferme?....

VALERE.

On comblera tes vœux.

GERMON.

Le bon maître!... avez-vous l'entière certitude
Que le père et la mère?...

VALERE.

Ah! quelle inquiétude!
Je les tiens tous les deux, te dis-je, je les tiens.
Et pour ne plus rester sur de tels entretiens,
Apprends donc que Franval, sans façons, sans mystères,
Se sert de mon crédit déjà pour ses affaires.

GERMON.

Est-il possible?

VALERE.

Eh quoi! je t'en vois étonné?
Si tu n'étois un sot, tu l'aurois deviné.

SCENE II.

JULIETTE, VALERE, GERMON, UN MESSAGER.

JULIETTE.

Monsieur, un Messager, que voilà, vous apporte
Cette lettre.

VALERE.

(*Au Messager.*)
Pour moi?... bon!... Restez à la porte.

JULIETTE.

Ah! Monsieur, quel péril!... on pouvoit vous blesser.

VALERE.

Me blesser!... me voilà prêt à recommencer.

(*Il ouvre.*)

Qu'est-ce? Encore un cartel; oh! je le conjecture.
Ah! ah! c'est de l'exempt choisi pour la capture.

(*Il lit.*)

« Le sieur du Trébuchet a l'honneur d'avertir,
» (Il se hâte) Monsieur le Baron de Valère,
» Qu'afin de terminer cette importante affaire
» Il sera prêt, ce soir, sans faute, pour partir;
» Il ira prendre l'ordre et fera diligence;
» Pour l'escorte, la chaise, et les frais différens,
» De Monsieur le Baron il attend cinq cent francs;
» Il ne peut se charger de rien sans cette avance».

(*En ployant le billet.*)

Germon, cherche ma clef, viens prendre en mon tiroir
Cinq cent francs.

GERMON.

Et c'est pour?....

VALERE.

Oh! tu veux tout savoir,
C'est pour un bon objet, un objet d'importance.
Je vais répondre.

GERMON, *bas à Valère.*

Mais cette sotte dépense
Va réduire....

VALERE, *bas à Germon.*

Tais-toi, l'argent me manquera?

(*Au Messager.*)

Tu crois?... hé! mon ami? Germon vous remettra
Les cinq cens francs : suivez-le, et dites, je vous prie,

A

A l'exempt, que j'entends et crois, sans flatterie,
qu'il exécutera d'un cœur ferme et zélé
Une affaire d'état, dont je me suis mêlé.

JULIETTE, *à elle même.*

Une affaire d'état!

GERMON, *avec un grand respect à Valère.*

Je vous demande excuse....

VALERE.

Va, va, petit esprit. En honneur, je m'amuse
De voir ces bonnes gens surpris de mes succès.
(*Il sort avec Germon, et le Messager.*)

SCENE III.

JULIETTE, *seule.*

Un courtisan!... ces gens gagnent tous leurs procès.
Je crains bien pour le coup, que son rival n'échoue.
Ainsi des vrais amans la fortune se joue!

SCENE IV.

JULIETTE, CRÉCY.

CRÉCY.

Je vous cherchais. Hé bien! que faire pour l'amour?

JULIETTE.

Votre rival, Monsieur, est un homme de Cour.

CRÉCY.

Quoi! Valère?

JULIETTE.

Oui, Monsieur; les gens de cette espèce
Sont tenaces en tout.

CRÉCY.

J'ai pour moi ma maîtresse.

JULIETTE.

Cela n'empêche pas que de force ou de gré,
Un rival plus heureux ne vous soit préféré.

CRÉCY.

Ne m'allarmez donc pas, ma chère Juliette;
Quoi qu'il puisse arriver, à la fin, je projette
De parler à la mère, à Monsieur de Franval.

JULIETTE.

Fort bien. A quoi sert-il de tuer son rival?
On pourrait vous tuer aussi; Valère est brave.
Après tout, un combat n'est qu'une double entrave,
C'est un regret de plus, c'est un homme de moins,
Et l'on force une femme à refuser vos soins.

CRÉCY.

J'entends. Mais, Juliette, il est bien difficile
D'endurer sans dépit qu'on m'enlève Lucile.
Hé bien! j'obéirai. Je veux, de ce pas-ci,
Voir Monsieur de Franval.

JULIETTE.

Allez donc. Mais voici
Madame! commencez à bon compte par elle.

SCENE V.

MME. DE FRANVAL, JULIETTE, CRÉCY.

Madame DE FRANVAL.

D'ou viennent ces propos? on parle de querelle,
De combat à l'épée, un amant malheureux,
Un Monsieur de Crécy de ma fille amoureux;
D'où vient cette rumeur, Juliette?

CRÉCY.

Ah! de grace.
Après mon imprudence excusez mon audace,
Madame, ce Crécy, c'est moi-même.

Madame DE FRANVAL.

Qui? vous?
Que souhaite, Monsieur,

CRÉCY.

Mais d'Orsange, entre nous,
Est un nom sous lequel, avec bonté peut-être,
Vous daignerez, Madame, aumoins me reconnaître.

Madame DE FRANVAL.

Je ne vous connois pas, et ne sais ce que c'est.

CRÉCY.

L'espoir d'être l'époux du plus aimable objet....

Madame DE FRANVAL.

De qui donc?

CRÉCY.

De Lucile.

Madame DE FRANVAL.

Oh ! la bonne nouvelle !
Y pensez vous ?

CRÉCY.

Je n'aime et ne veux aimer qu'elle.

Madame DE FRANVAL.

Vous aimez ma fille ?

CRÉCY.

Oui, Madame, pour jamais.

Madame DE FRANVAL.

Tant pis pour vous, Monsieur : ma fille désormais
N'aime et ne doit aimer que Valère mon gendre.

CRÉCY.

Voilà l'arrêt affreux que je craignais d'entendre.
Il n'est donc que trop vrai que je me vois joué ?

Madame DE FRANVAL.

Vous êtes fou.

CRÉCY.

Madame, un amour avoué....

Madame DE FRANVAL.

Par qui ?

CRÉCY.

Par vous.

Madame DE FRANVAL.

Par moi ?

CRÉCY.

Oui, par vous, par vous-même.

Madame DE FRANVAL.

Il n'en faut plus douter, sa folie est extrême.
Je sors. Ayez en soin.

CRÉCY, *aux genoux de Madame de Franval.*

Je ne vous quitte pas.

(*Madame de Franval fuit de tout côté, il la poursuit.*)
Non, Madame, par-tout je veux suivre vos pas.
Si vous ne m'écoutez, je mourrai de ma peine.

Madame DE FRANVAL.

Mais laissez-moi, Monsieur. Votre espérance est vaine.
(*Voyant son mari.*)
Ah! Franval, arrivez!

SCENE VI.

JULIETTE, Madame DE FRANVAL, FRANVAL, CRÉCY.

FRANVAL.

La cause de ce bruit?

Madame DE FRANVAL.

Ne le voyez-vous pas? un fou qui me poursuit.
Un homme qui se dit amoureux de Lucile.

FRANVAL.

(*A Juliette.*)

Rentrez chez vous, Madame; et vous, permettez-moi,

Juliette....

JULIETTE.

Monsieur....

(*Madame de Franval et Juliette sortent.*)

SCENE VII.

FRANVAL, CRÉCY.

FRANVAL.

Puis-je savoir en quoi
Je puis vous être utile et vous rendre service,
Monsieur? parlez.

CRÉCY.

Je vais parler sans artifice.
Pouvez-vous bien, Monsieur, ne pas vous reprocher
Un affreux changement, inutile à cacher?
Si d'un homme d'honneur la parole est sacrée,
Comment avez-vous pu, d'une fille adorée
Engager sans pitié, cette seconde fois,
Et le cœur et la main sans consulter son choix?
Elle est donc à Valère? à ma délicatesse
Il repugnerait trop d'outrager ma maîtresse,
Dans ce même rival qui sera son époux,
Mais lui suffira-t-il d'être choisi par vous?
Mais sera-t-elle heureuse? ah! je pleure d'avance
De vos regrets, Monsieur, comme de sa souffrance!

FRANVAL.

Avant que je réponde à ce touchant sermon,

Voulez-vous bien, Monsieur, me dire votre nom?

CRÉCY.

C'est du nom de Crécy qu'en ces lieux on m'appelle;
Mais ce n'est pas le mien. Une crainte cruelle,
Un doute délicat sur un objet chéri,
Dont je voulais le cœur, pour être son mari,
Ensuite le rival qu'aujourd'hui l'on m'oppose,
Tous ces motifs divers et réunis sont cause,
Que d'un nom emprunté j'ai caché mon projet.
Et d'Orsange est le nom que je porte en effet.

FRANVAL, *enchanté.*

Ceci change la these, et permettez de grace,
Que du cœur le plus vrai, mon cher, je vous embrasse.

D'ORSANGE.

Ah! Monsieur! se peut-il?....

FRANVAL, *l'embrassant de nouveau.*

Encore?

D'ORSANGE.

Heureux destin!

FRANVAL.

Vous deviez, m'écrit-on, n'arriver que demain?

D'ORSANGE.

Il est vrai, mais la crainte et mon impatience....

FRANVAL *le reculant.*

Laissez-moi donc vous voir. Vous lui plairez, je pense.

D'ORSANGE, *dans l'ivresse.*

Ah! Monsieur, dans ma joie... Ah! puis-je m'assurer?...

FRANVAL.

Vous prenez les devants pour vous désespérer,
Comment donc, mon ami?

D'ORSANGE.

S'il faut que je le dise,
Je crois que ma prudence est en effet sottise.
Dieu! je n'en reviens point... que je suis étourdi!
J'ai souffert...

FRANVAL.

Mais tant pis pour vous, je vous le dis,
Au reste, expliquez-moi, s'il vous plaît, ce mystère.
Qui vous a dit, mon cher, que je donnais Valère
A ma fille? ou, ma fille à Valère, aujourd'hui!

D'ORSANGE.

Votre épouse, Lucile, et Juliette, et lui,
Son valet, tout le monde....

FRANVAL.

Eh bien! je vous assure,
Que j'apprends de vous seul cette rare aventure.

D'ORSANGE.

Vous voulez rire?

FRANVAL.

Non, d'honneur! en tout pays,
Il est comme cela des contes inouis
Qu'on répète par-tout, sur lesquels chacun glose,
Sans être sûr des gens que regarde la chose.

D'ORSANGE.

Mais Valère....

FRANVAL.

Est un fou.

D'ORSANGE.

Votre épouse m'a dit....

FRANVAL.

Hé! puis-je, moi, savoir ce qui vient à l'esprit,
Et tantôt de ma femme, et tantôt de ma fille?
Le travail serait grand pour un chef de famille
D'occuper à ces riens son tems et son cerveau.
Ce serait chaque jour un dédale nouveau.
Les hommes sont bien fous, mais les femmes plus folles.
Dites-moi, j'ai compris, je crois, par vos paroles,
Que vous aviez déjà vu Lucile?

D'ORSANGE.

Oui, Monsieur:
Je vous l'avoue.

FRANVAL.

Oh! oh!... vous plaît-elle... d'honneur?

D'ORSANGE.

O Dieu!

FRANVAL.

Vous l'aimez donc!

D'ORSANGE.

Je l'aime, je l'adore
Dès long-tems.

FRANVAL.

Dès long-tems? et depuis quand encore?

D'ORSANGE.

Depuis six mois, Monsieur.

FRANVAL.

Comment, depuis six mois,

D'ORSANGE.

Dans un bal, pour l'aimer, je l'ai vue une fois,
Et voilà les motifs des projets de mon père.

FRANVAL, *avec une confidence gaie.*

Vous aime-t-elle un peu?... là... vraiment?...

D'ORSANGE, *souriant.*

Je l'espère...

FRANVAL.

Déjà de vieux amis? tant mieux!... écoutez-moi,
Demeurez dans l'hôtel; il me convient, je croi,
De lui parler, avant de vous faire connaître;
On vous avertira quand il faudra paraître.
Allez, mon cher d'Orsange. Allez, soyez content.

SCENE VIII.

FRANVAL, *seul.*

Ce garçon-là me plaît. Mais c'est qu'il est charmant!
Que Valère ait pensé qu'il épousait ma fille,
Fort bien; c'est dans son genre: oui; mais dans ma famille
Que cette vision gagne tous les esprits....
Ah!... je vois ce que c'est; et je suis moins surpris.
Ma femme n'a pas su le vrai nom de mon gendre

Voilà la tête aux champs ; elle a voulu comprendre
Ce mystère elle seule... il faut peu s'étonner....
Ma femme invente bien, quand il faut deviner.

SCENE IX.

FRANVAL, VALERE.

VALERE, *remettant à Franval le billet de l'Exempt.*

Voici qui doit prouver le zèle et la prudence
Que j'employe à remplir des devoirs d'importance.
Le bonheur d'obliger des hommes tels que vous,
D'un si faible service est un prix assez doux.

FRANVAL, *après avoir lu.*

Quoi ? vous avez donné cinq cent francs.

VALERE.

Je me pique
D'être exact et soigneux.

FRANVAL.

Oh ! vous êtes unique !
Mais unique à tel point que je puis à mon tour
M'applaudir du parti que j'ai pris en ce jour.

VALERE.

Vous voulez me flatter ? que pourrais-je entreprendre,
Qu'un père généreux n'attendît de son gendre ?
Ah ! quand je suis le vôtre, au moins souffrez ici,
Qu'avec sincérité...

FRANVAL, *plaisament.*

Mon gendre, en tout ceci,
Vous ne m'étonnez plus. Votre sagesse brille.
Mais parlons sensément. Vous épousez ma fille?

VALERE.

Avec transport, Monsieur, vous le savez fort bien.

FRANVAL.

Je vous jure d'honneur! que je n'en savois rien.

VALERE.

Madame de Franval, cependant...

FRANVAL.

Oh! ma femme
Pensoit ce qu'elle a dit, et c'est une bonne âme,
Qui s'intéresse à vous, peut-être autant que moi;
Mais je ne vous chéris qu'autant que je le doi.
J'aime fort votre père, et loin que je refuse
Son fils pour ma Lucile; il n'est aucune excuse,
Qui puisse dispenser mon cœur de vous choisir,
Si je vous trouve tel, et selon mon désir,
Tel, dis-je, que doit être un enfant de famille,
Qu'un père bien sensé veut donner à sa fille.

VALERE.

Je n'ai point de fortune, il est vrai,

FRANVAL.

Mon ami,
Dans mon compte, ce point n'entreroit qu'à demi,
Et même point du tout, suivant la circonstance.

VALERE.

Mais avant peu....

FRANVAL.

Sans doute. Or, suivez-moi; j'avance.
Avez-vous un état?

VALERE.

J'en ai dix, s'il le faut.

FRANVAL.

Dix états! justement, voilà le grand défaut.
Il n'en faut avoir qu'un quand on veut le bien faire.

VALERE.

Un, soit.

FRANVAL.

Lequel?

VALERE.

Faut-il que je sois militaire?

FRANVAL.

L'êtes-vous?

VALERE.

Non, Monsieur, mais rien n'est plus aisé.
Je suis noble, et, je crois, assez favorisé
Des dons de la nature. Avec pleine assurance,
Je demande au Ministre un moment d'audience;
J'expose à ses regards mes vœux et mes moyens.
Des modernes guerriers, ainsi que des anciens,
Je connois la tactique et la force et l'adresse;
J'ai lu Folard, Polybe, et César, et Végéce.
Le Ministre enchanté m'employe au même instant.
Je pars, je fais la guerre, en un mot, je fais tant,

Qu'avant qu'il soit six mois comme je le projette,
C'est hazard si mon nom n'est pas dans la Gazette.

FRANVAL.

Vous croyez bonnement que la chose aille ainsi?

VALERE.

Monsieur, c'est mot à mot.

FRANVAL.

Que faites-vous ici?
Je vous blâme d'avoir caché tant de science;
Et l'état perd beaucoup par votre négligence,

VALERE.

J'avourai que la guerre est belle en ses hazards,
Mais elle me déplaît, Monsieur, à mille égards.
L'humanité répugne à ce genre de vie.
Ah! sans cela, combien au gré de mon envie,
D'un cœur audacieux, j'aurois depuis long-tems,
Dans ce noble métier, déployé mes talens!
Oui, mes talens, Monsieur! je m'en sens pour la guerre;
Un talent naturel lui-même se déterre....
Riez, si vous voulez, d'un projet idéal,
Mais Lucullus oisif devint bon Général.
Comme lui, j'ai mûri ce grand art dans ma tête,
En mon particulier, j'ai fait telle conquête,
Que si j'en détaillois la marche comme il faut,
Je vous verrois, Monsieur, tomber de votre haut.
J'ai l'air de ne rien faire, et pourtant je travaille.
Le croiriez-vous? il est déjà telle bataille
Si bien imaginée au fond de mon cerveau,
Par des moyens si neufs, en un plan si nouveau,

Que la perdre, en un mot, est la chose impossible.

(*Il figure.*)

Le corps de mon armée est presque inaccessible;
Mais son feu meurtrier n'en est que plus rasant.
Il faut voir ma finesse, et, comme en biaisant,
Par ma cavalerie, assise sur chaque aile;
Je fais envelopper l'ennemi qui chancelle:
Alors, ma ligne s'ouvre et là mes troupes font
Deux colonnes, à qui je fais changer de front;
Tandis que dérouté, par ma supercherie,
L'ennemi devant lui trouve une batterie
De gros calibre, qui, rompant ses bataillons....
De carnage et de sang remplit tous les sillons....
Mais cet aspect me touche et m'arrache des larmes;
Ne vous étonnez plus si je renonce aux armes.
La robe a plus d'attraits.

FRANVAL.

Êtes-vous Magistrat?

VALERE.

Non, pas encore, Monsieur ou dumoins par état;
Mais possedant à fond le code et le digeste,
Domat, Beccaria, rien n'est, je vous proteste,
Plus simple et plus facile à mon esprit liant,
Que d'être le salut et l'espoir du client.
Il faut être Avocat? vers Rheims on prend sa route;
D'argent, d'esprit, de tems on sait ce qu'il en coute;
De retour on achetre une charge au sénat;
On met une simarre, un bonnet, un rabat;
On vous présente au corps, et la cour vous installe;
On s'assied à son rang assigné dans la salle,

Et l'on juge.

FRANVAL.

Et comment juge-t-on? comme on peut.

VALERE.

Comme on peut quelques fois et souvent comme on veut.

FRANVAL.

Vous prendrez donc la robe?

VALERE.

Oui, oui, pour vous complaire.
Car, Monsieur, le Barreau me pèse, à ne rien taire;
Tout y blesse un cœur et rien ne l'y soutient;
Vous savez là-dessus, les propos que l'on tient.
La justice éternelle est équitable et pure;
Mais la nôtre, Monsieur, n'est pas dans la nature.

FRANVAL.

Vous-avez de l'esprit. Vous savez à-peu-près,
Peindre tous les états dans leurs divers progrès,
Tout vous paroît en eux, aisé, simple et facile:
Et cependant, Monsieur, vous en choisiriez mille,
Que vous auriez toujours, je crois, sans vous lasser,
Cent raisons pour les prendre et cent pour les laisser.

VALERE.

Mais choisissez, Monsieur; décidez-moi vous-même.

FRANVAL, *avec sévérité.*

Je décide, mon cher, sans une peine extrême,
Que le moindre artisan de la société
Est la preuve, et l'effet de cette vérité,

Qu'un

Qu'un homme sans état mérite qu'on le fronde,
Et que les désœuvrés sont le fardeau du monde.
Et vous en êtes un. Mais pourquoi l'êtes-vous?
Par un orgueil d'esprit, ridicule entre nous.
Cet orgueil pas à pas engendre la paresse.
Bien fait et de l'esprit, d'une haute noblesse,
Vous n'avez point connu, trop prompt à vous flatter,
De fortune où bientôt vous ne dussiez monter.
Épris de ces erreurs, elles vous étoient chères;
Alors, votre folie a vécu de chimères.
Yvre de l'avenir, dissipant votre bien,
Vous espérez toujours et n'êtes jamais rien.
Apprenez donc de moi que, pour plus d'une cause,
Il nous faut dans le monde être aumoins quelque chose.
Et qu'est-on, s'il vous plaît, sans avoir un état?
Du jeune homme au vieillard, et du Prince au soldat,
C'est le devoir commun, l'ordre, la loi prescrite
Par la société. L'homme nul, qui l'habite,
N'a nul droit à ses biens non plus qu'à ses honneurs.
Sans compter ses vertus et l'exemple des mœurs,
Chacun y doit son rôle, ainsi qu'en un théâtre;
Ceux même qu'en naissant la nature marâtre,
Priva de la parole ou bien de la clarté,
L'amour du bien les rend à la société.
De quel droit osez-vous, Monsieur, vous y soustraire?

VALERE.

Je ne m'y soustraits point. Sans être téméraire,
Il est mille partis, qui flattent mon espoir,
Et, pour les embrasser, je n'ai qu'à les vouloir.

FRANVAL.

Veuillez-le donc, mon cher! mais observez encore,

Qu'on ne fait jamais bien les choses qu'on ignore.
Que qui prend un état, en quelque rang qu'il soit,
Doit pouvoir ce qu'il veut, et savoir ce qu'il doit;
Que tout a ses dégrés et métiers et science,
Et que, si l'artisan instruit dans leur enfance,
Ses fils dans le travail qu'ils doivent exerçer,
C'est que pour bien finir, il faut bien commencer.
Ah! jeunesse, sans frein! le tems, que tu dissipes,
Est celui des succès, ainsi que des principes!
Vous consumez ce tems en projets superflus;
Un jour, vous chercherez ce qu'on n'accorde plus
A trente ans de paresse. Alors qu'elle existance!
On convoite trésors, honneurs et consistance,
On sent, plus que jamais, le poids des passions;
On n'a que des besoins et des prétentions.

VALERE.

Je préviendrai ce tems; et déjà j'imagine
Cent moyens.... vous avez l'humeur un peu chagrine;
Mais je sais bien d'où part ce généreux courroux;
C'est que je vous suis cher?

FRANVAL.

Sûrement.

VALERE.

Calmez-vous.
Et daignez me donner un conseil salutaire.
Dirigez mon projet.

FRANVAL, *avec douceur et intimité.*

Ça, que voulez-vous faire?

VALERE.

Oh! que j'aime à vous voir d'une agréable humeur,

J'ai toujours envié cet état enchanteur,
D'un gentilhomme aisé, qui, content dans ses terres,
Fait avec son bonheur le bonheur de ses frères.
C'est un état charmant, celui-là!

FRANVAL.

J'en conviens.

VALERE, *à part.*

S'il suffit de la terre, ah parbleu je le tiens.
(*Haut.*)
Pourvu de cet état, obtiendrai-je Lucile?
Il me faut peu de tems, rien ne m'est plus facile.

FRANVAL.

Dans combien?

VALERE.

Dans trois jours.

FRANVAL, *se moquant de lui.*

Oui, je vous la promets.

VALERE.

Bien sûr!

FRANVAL.

Très-sûr.

VALERE.

Allons! mes vœux sont satisfaits.
Eh bien, vous le voyez, il n'est que de s'entendre.
Vous serez enchanté de m'avoir pris pour gendre.

(*Il sort.*)

SCENE X.

FRANVAL, *seul.*

Il a l'esprit perdu. Bien loin de le guérir,
J'exalte sa cervelle, ardente à se nourrir
De mille visions. La chose est sérieuse.
Il ne m'a pas fait voir, une ame vicieuse;
Il est aimable au fond et sensible, je crois;
Ce seroit bien dommage, après ce que je vois,
Qu'il se perdît. Non, non; j'y trouve du remède,
Et plus fort que jamais, je lui prête mon aide.

Fin du quatrième Acte.

ACTE V.

SCENE PREMIERE.

VALERE, GERMON.

GERMON.

Je vous dis qu'en secret il m'a questionné.

VALERE, *pendant toute cette scène la tête exaltée et joyeux à l'extrême.*

Je le crois, mon esprit n'en n'est pas étonné.

GERMON.

Votre esprit... votre esprit!... je sais bien qu'il ajuste...

VALERE.

Franval veut me connaître? hé bien, rien n'est plus juste.
Qu'il s'informe de moi : tant mieux ; je le veux bien.
Je ne l'empêche pas, et je n'y perdrai rien.

GERMON.

Oh! qu'il n'a pas en vous la même confiance.
C'est un homme sensé, qui marche avec prudence
Pour arriver au but ; qui jamais au hazard....

VALERE

Que sert-il d'arriver, quand on arrive tard?

GERMON.

A ses discours moqueurs, à l'air de son visage

J'ai cru voir....

VALERE.

Vision!

GERMON.

Dans ses yeux....

VALERE.

Badinage!

GERMON.

Monsieur....

VALERE.

J'ai sa parole.

GERMON.

Et depuis quand?

VALERE.

Depuis...!

Que je l'ai subjugué : voilà ce que je puis.
Il a gémi, grondé, sermoné d'importance:
Il avoit de l'humeur et moi de l'éloquence.

GERMON.

Quoi! toute à l'heure, il vient...

VALERE.

D'approuver mes amours;
Il m'accorde sa fille, et cela dans trois jours.
Que faut-il que je sois, pour l'obtenir?... devine,
Un Seigneur de paroisse!... ah Dieu! Franval badine.

GERMON.

Un Seigneur de paroisse! et quand le serez-vous?

VALERE.

Ce soir, demain.

GERMON.

Monsieur! si vous n'êtes l'époux....

VALERE, *s'extasiant.*

C'est un don merveilleux que cette promptitude
De mon esprit, qui, franc de toute inquiétude,
Ne forme aucun projet, sans d'abord établir
Cent moyens différens et sûrs de l'accomplir.

GERMON.

Mais s'il faut une terre, afin que....

VALERE.

Sois tranquille:
Bel obstable en effet! chose bien difficile!
Vois l'accord du génie et du bonheur ici.
N'ai-je pas acheté la terre de Crécy?

GERMON.

Acheté?... supposons. Qui payera?

VALERE.

Moi, j'espère.

GERMON.

Et l'argent?

VALERE.

Ah! l'argent? j'ai, pour cette misère
Seulement cinq projets, projets clairs, évidens,
Infaillibles : un sur-tout que je tiens là-dedans.

GERMON.

Tout de bon?

VALERE, *sérieusement.*

Ce n'est pas une plaisanterie.

GERMON.

Voyons.

VALERE, *avec une sérieuse importance.*

Depuis trois jours je rêve loterie.

GERMON, *vivement se frappant le front.*

Ah! je m'étonnois bien, à ne vous pas tromper,
Que ce moyen d'espoir eût pu vous échaper.
Tel qui le blâmeroit et se croiroit bien sage,
En a depuis long-tems, lui-même fait usage.
J'ai pensé vous le dire.

VALERE.

Est-il bon celui-là!

GERMON, *avec crédulité.*

Avez-vous le secret qu'il vous faut pour cela?
On dit qu'il en est un qu'il suffit de connaître,
Pour gagner chaque fois. Heim! l'avez-vous?

VALERE.

Peut-être.
Si tant de gens se sont enrichis à ce jeu,
A ce même bonheur n'ai-je pas droit un peu?
Moi, sur-tout, heureux né? je serais ridicule
De ne pas y compter : car enfin, je calcule,
Non pas comme ces gens prompts à tout envahir,
Et qu'ainsi la fortune a raison de trahir :
Je calcule : et je dis : des nombres qu'il combine,
Un fou s'attend toujours à voir sortir le quine;

Je n'en veux pas. Je crois, sans me voir abusé,
Le quaterne à mes vœux à-peu-près fort aisé;
Mais je cave au plus bas, et n'en veux point encore.
Pour le terne, il est sûr et je le vois éclore.
D'abord trois numéros, bien choisis pour ma part
Et cinq qu'absolument doit donner le hazard,
Voilà huit nombres francs et forcés par ma chance.
Si moitié par moitié je forme une balance,
Avec le sort, c'est donc quatre nombres chacun;
Il ne m'en faut que trois, j'ai l'avantage d'un,
Je dois gagner, je gagne, et ma fortune est faite.

GERMON.

Il vous reste cent francs...

VALERE.

Voilà la somme nette
D'un demi million.... aurai-je le château?
J'en aurai deux ou trois... mon cher, et le plus beau...

GERMON.

Abusez du bonheur... allons.

VALERE.

Château d'automne,
Et château de printems. Un autre qu'environne
Un terrein montueux bien fourni de gibier.
La chasse! comment donc?... je l'entens ce métier?
Tire-t-on mieux au vol? le charmant exercice!
Nous allons tous les deux par un tems bien propice,
Battre dès le matin bruyères et vallons,
Leste! à pied l'un et l'autre à travers les sillons,
Car j'aime la fatigue et non pas la méthode

De tuer à son aise une bête commode :
A pied, fusil au bras, havresac, chien d'arrêt;
Cherche-par-là! le drôle a bon nez, bon jarret,
Le voilà furetant et de gauche et de droite,
Arrêt. La perdrix part : d'une main maladroite
Tu manques; moi soudain, pan, pan! elle est à bas.
Quel plaisir!... point de chasse?...ah! ne m'en parle pas.

GERMON.

Chassons.

VALERE.

Lente vieillesse, il faut à ta prudence
Un siècle pour asseoir sa pénible existence,
Il ne me faut qu'un jour. Franval, mon cher ami,
Vous vous attendez peu sans doute à tout ceci.
Que je vais le surprendre!... allons, viens, qu'elle joie...

SCENE II.

FRANVAL, VALERE, GERMON.

VALERE, *avec transport, à Franval.*

MONSIEUR!...

FRANVAL.

De ce transport que faut-il que je croye!

VALERE.

L'état le plus brillant! le destin le plus doux!

FRANVAL.

Quoi!....

VALERE.

De votre promesse au moins souvenez-vous.

FRANVAL.

Ouida, je m'en souviens.

VALERE.

C'est tout ce que j'espère.
Je sors content.

FRANVAL.

Mais vous...

VALERE.

Embrassez-moi, mon père.

(Il sort avec Germon.)

SCENE III.

FRANVAL, *seul.*

Surcroit de visions, et je commence à voir
Que moins il réussit, et plus il a d'espoir;
Que plus il est à plaindre, et moins il se chagrine,
Espèce de bonheur, du moins je l'imagine,
Aussi bonne qu'une autre à donner d'heureux jours,
Si le songe trompeur pouvoit durer toujours;
Mais c'est pour le réveil que la douleur s'amasse.
Songeons à nos desseins. De tout ce qui se passe
Me voilà bien instruit. Ma fille va venir,
La pauvre chère enfant ne peut plus contenir
Son chagrin. Elle souffre et je souffre comme elle.
La plus vive douleur d'une âme paternelle

Est cet aspect touchant d'un enfant qui gémit
De la loi d'obéir, et pourtant obéit.

SCENE IV.

LUCILE, FRANVAL.

FRANVAL.

Viens, ma fille; qu'as-tu? dis-moi ce qui t'afflige;
Car je suis ton ami; dis?

LUCILE.

Mon père...

FRANVAL.

Oui, te dis-je,
Ton ami, mon enfant, ton véritable ami.

LUCILE.

Ah! je le sais...

FRANVAL.

Hé bien, s'ouvre t'on à demi
A son bon père? écoute... on m'a dit que ta mère,
Qui devine toujours, t'avoit nommé Valère,
Comme le jeune époux que je t'ai destiné.
Ta-t-elle fait plaisir de l'avoir deviné?

LUCILE.

Ah! Dieu!

FRANVAL.

Je crois que non... hé! quoi!...

LUCILE.

Je n'ose...

FRANVAL

Achève...

Tu n'aimes pas Valère?

LUCILE.

Ah!

FRANVAL.

Ta mère l'élève

Et le vante beaucoup. Pour moi, je t'avourai
Qu'il ne me convient pas, mais je ne gênerai
Jamais ton cœur.

LUCILE.

Mon père! ah! vous étes le maître,
Et ce qui vous déplaît, puis-je l'aimer?

FRANVAL.

Peut-être

Ne te mariais-tu même que par bonté,
Pour m'obéir? enfin, j'ai vu que ta gaîté
S'étoit évanouie et n'étoit plus la même.
Quoi qu'on soit triste aussi quelque fois quand on aime.

LUCILE.

Mon père je ne sais...

FRANVAL.

Que sais-je, par hazard,
Il se pouvoit fort bien, même avant ton départ
Pour Paris, que quelqu'un eût pu toucher ton âme?...
Qu'est-ce donc? tu rougis?... ma fille, de sa flamme,
Un cœur doute d'abord lui-même, et le moyen

De déclarer alors ce qu'on ne sait pas bien?
Parle-moi franchement; est-ce là le mystère?
Serois-je à deviner plus heureux que ta mere?

LUCILE.

Mon père! excusez-moi... si...

FRANVAL.

Va j'excuse tout.
Ça, dis-moi, quel est-il cet amant de ton goût?

LUCILE.

Je tremble!...

FRANVAL.

Allons. Courage!... il est digne, sans doute,
De ton choix?

LUCILE.

Mais!...

FRANVAL.

Dis?...

LUCILE.

Oui, mon père...

FRANVAL.

Qu'il t'en coûte
Pour dire ton secret à ton meilleur ami!
(*Il tousse pour appeller Crécy.*)
Cet amant, n'est ce pas un Comte de Crécy?

LUCILE, *se jettant dans les bras de son père.*
Daignez me pardonner!

FRANVAL, *place Crécy sous le bras de Lucile, qui croit tenir son père : il passe à la droite de Lucile.*

Reviens, je te pardonne.

LUCILE, *étonnée d'entendre son père d'un autre côté, lève la tête, voit son amant, et dans son transport, se jette dans les bras de Franval.*

Ah! mon père!

FRANVAL.

Tu l'aime, eh bien,... je te le donne.

(*Il remet sa fille à d'Orsange, et passe entre deux.*)

D'ORSANGE.

Mon aimable Lucile!... ah! Monsieur!

FRANVAL.

Mes enfans!

Soyez toujours heureux, consolez mes vieux ans;
La paix, votre bonheur sont mon unique envie.
Et mes derniers plaisirs les plus doux de la vie.

SCENE V.

Madame DE FRANVAL, LUCILE, FRANVAL, D'ORSANGE.

Madame DE FRANVAL.

Je voudrois bien savoir. Monsieur?... que vois-je ici?

FRANVAL.

Votre gendre.

Madame DE FRANVAL.

Qui donc? le Comte de Crécy?

FRANVAL.

Non, Madame; le fils du Marquis de d'Orsange.
Notre gendre. Embrassez-le.

D'ORSANGE, *embrasse.*

Ah! Madame.

FRANVAL.

J'arrange
Les choses, autrement que vous ne le pensiez.

Madame DE FRANVAL.

Mais j'ai cru que Valère.....

FRANVAL.

Et vous-vous abusiez.
Nous vous mettrons au fait de toute l'aventure.

SCENE VI.

JULIETTE, Mme. DE FRANVAL, LUCILE, VALERE, DE FRANVAL, D'ORSANGE, GERMON.

VALERE, *à Franval, avec le mystère de la crédulité et de l'importance.*

Monsieur, voici l'exempt; lui, ses gens, la voiture
Attendent dans la cour. Tout est prêt. Vous pouvez
Remettre dans ses mains l'ordre que vous avez;

Désignez

Désignez l'homme, un mot, il va se mettre en route.

FRANVAL, *à Valere, qui prend un air avantageux en saluant la compagnie.*

Mille graces! je vais vous surprendre sans doute.
Il m'en souvient très-bien, vous m'avez demandé
Ma fille en mariage.....

VALERE.

Et le tems, accordé
Pour mériter l'honneur que vous daignez me faire,
Me suffit. Vous verrez que...

FRANVAL, *gaiment,*

Monsieur, cette affaire
Ne peut plus avoir lieu. Voici mon gendre.
(*Il montre d'Orsange*)

VALERE.

Eh quoi?...

D'ORSANGE, *à Valère.*

Monsieur, voilà mon père; il s'est ouvert à moi
Sur vos prétentions et sur votre conduite;
Et notre démélé n'auroit point eu de suite,
Si j'eusse mieux connu vos droits et vos projets.

VALERE, *stupefait.*

Mais, je ne comprends pas ce procédé.....

FRANVAL.

Jamais!
Je n'ai fait le projet de vous nommer mon gendre.
Ce plan est à vous seul; je n'y veux rien prétendre.
Bien loin de l'approuver, je déclare à regret
Que, depuis ce matin, je vous garde en secret

Un sort bien différent. Lisez, je vous en prie.
(*Il lui donne la lettre du premier Acte.*)

VALERE, *charmé et plein de confiance.*

C'est la main de mon père!
(*Il lit.*)

FRANVAL.

Oui. La Bizarrerie
De votre étoile fait que je dois aujourd'hui
Vous éloigner de moi, pour mieux vous rendre à lui.

VALERE.

Juste ciel!... m'enfermer?...

FRANVAL, *sérieusement.*

C'est un parti funeste,
Me direz-vous, Monsieur! Eh! je le sais de reste.
Cependant, si j'ai dû mes soins à l'amitié,
J'ai le droit, à mon tour, d'écouter la pitié.
Vous vous livrez vous-même, et de si bonne grâce,
Qu'en vérité, Monsieur, votre sort m'embarrasse.
Je n'irai pas plus loin. Voici l'ordre secret.
Il ne tiendra qu'à vous d'en éviter l'effet;
Je vais le renvoyer à Monsieur votre père.
Il est bon, il vous aime, appaisez sa colère.
Allez, mon cher Valere, embrasser ses genoux.
Je vous promets encor de lui parler pour vous.
C'est tout ce que je puis. Partez, soyez tranquille:
Et comptez sur Franval, s'il peut vous être utile.

VALERE, *piqué et faisant bonne contenance.*

Vous vous imaginez, Monsieur, que tout ceci

Me chagrine, m'intrigue?... à me jouer ainsi,
Je ne suis pas d'accord que l'amitié d'un père
Puisse vous engager; mais ma juste colère
Ne veut point éclater... j'écoute le devoir...
Je suis charmé pourtant de vous faire savoir
Que vos refus, vos soins, même votre menace,
Et votre ordre pressant n'ont rien qui m'embarrasse.

FRANVAL.

Oh! je ne doute pas que votre esprit fécond...

VALERE.

Ne s'allarme jamais, et qu'à tout il répond.

FRANVAL.

Vous permettrez du moins qu'en ce moment critique,
Pour réparer ma faute et le tour qui vous pique;
Malgré les grands moyens qui peuvent vous rester,
Cent louis seulement, que je vais vous prêter,
Vous servent à payer et dépense et voyage.

VALERE, *très-surpris.*

Comment?

GERMON, *à Valère.*

J'ai révélé les secrets du ménage:
J'ai tout dit à Monsieur.

VALERE.

De quoi t'avises-tu?

FRANVAL.

Calmez-vous, ce garçon a fait ce qu'il a dû.
Vous êtes libre encor: je vous parle sans feinte

Partez.

(Il donne une bourse à Germon.)

Madame DE FRANVAL.

Oui, cher Valère, allez, soyez sans crainte...

VALERE, *prenant lestement son parti.*

Craindre de retrouver mon père et ma maison?
Mon père?... ah! qu'aisément j'obtiendrai mon pardon.

Madame DE FRANVAL.

Ah! je crains!

GERMON.

Et moi donc?

JULIETTE.

Monsieur va vous promettre...

VALERE.

J'en obtiendrai bien plus : et tenez, à la lettre,
En quatre mots, voici tout ce qu'il en sera.
J'arrive. Je l'embrasse... Oh! d'abord il voudra
Ne pas m'embrasser, lui. N'importe, je persiste,
Je presse, je promets, je pleure, je suis triste...
Moi triste? chagrin? moi, de qui le front joyeux
Jamais sans l'attendrir n'a pu frapper ses yeux?
Ne m'en souvient-il pas!... souvenir qui me touche!
M'enfermer?... il entend mes projets de ma bouche,
Il les conçoit... m'approuve... et devient mon appui.
Adieu, Mademoiselle, adieu, mais aujourd'hui
Vous perdez en effet vous-même, je vous jure,
Plus que vous ne pensez. On croit me faire injure....
Pour monter aux grandeurs je redouble d'élan....
Il me falloit ceci pour agrandir mon plan.

Me chagrine, m'intrigue?.... à me jouer ainsi,
Je ne suis pas d'accord que l'amitié d'un père
Puisse vous engager; mais ma juste colère
Ne veut point éclater... j'écoute le devoir...
Je suis charmé pourtant de vous faire savoir
Que vos refus, vos soins, même votre menace,
Et votre ordre pressant n'ont rien qui m'embarrasse.

FRANVAL.

Oh! je ne doute pas que votre esprit fécond...

VALERE.

Ne s'allarme jamais, et qu'à tout il répond.

FRANVAL.

Vous permettrez du moins qu'en ce moment critique,
Pour réparer ma faute et le tour qui vous pique;
Malgré les grands moyens qui peuvent vous rester,
Cent louis seulement, que je vais vous prêter,
Vous servent à payer et dépense et voyage.

VALERE, *très-surpris.*

Comment?

GERMON, *à Valère.*

J'ai révélé les secrets du ménage:
J'ai tout dit à Monsieur.

VALERE.

De quoi t'avises-tu?

FRANVAL.

Calmez-vous, ce garçon a fait ce qu'il a dû.
Vous êtes libre encor: je vous parle sans feinte

PIECES DE THÉATRE
SÉPARÉES.

PAR M. IMBERT.

Le Jaloux sans amour, Comédie en 5 actes. .... 1 l. 10 s.

Marie de Brabant, Tragédie en 5 actes, ... 1 10

La Fausse Apparence, ou le Jaloux malgré lui, Comédie en trois Actes, ... 1 10

PAR M. FABRE D'ÉGLANTINE.

Le Philinte de Molière, Comédie en 5 actes et en vers, 1 10

Le Présomptueux, Comédie en 5 actes et en vers, ... 1 10

L'Amour et l'Intérêt, Comédie en 3 actes et en vers, ... 1 10

PAR M. DESFORGES.

Tom Jones à Londres, Comédie en 5 Actes, ... 1 10

Tom Jones & Fellamar, suite de la précédente, en 5 Actes, 1 10

L'Épreuve Villageoise, Opéra bouffon, en 2 Actes, ... 1 10

Les Promesses de Mariage, suite de l'Épreuve Villageoise, en 2 Actes, ... 1 4

La Femme Jalouse, Comédie en 5 Actes, ... 1 10

Féodor & Lisinka, Drame, ... 1 10

PAR M. FAUR.

Montrose & Amélie, Drame en 4 Actes & en prose, ... 1 10

L'Amour à l'épreuve, Comédie en un Acte, ... 1 4

Isabelle & Fernand, Comédie en 3 Actes, ... 1 10

En honneur, je désire, après cette injustice,
Que d'un regret trop grand l'oubli vous garantisse,
C'est n'avoir pas d'humeur, et vous faire bien voir
Que je pars sans dépit... mais non pas sans espoir.

(*Il sort avec Germon.*)

SCENE VII, et derniere.

JULIETTE, Mme. DE FRANVAL, LUCILE, FRANVAL, D'ORSANGE.

MADAME DE FRANVAL.

Cet homme-là, Monsieur, est de belle espérance.

FRANVAL.

Étonnante... Et de plus, ce qu'il dit, il le pense.
N'en concluons pas moins que le présomptueux
Est fou dans ses désirs et n'est jamais heureux.

FIN.

www.ingramcontent.com/pod-product-compliance
Ingram Content Group UK Ltd.
Pitfield, Milton Keynes, MK11 3LW, UK
UKHW022031170726
13837UKWH00002B/530

9 782019 963262